JN056610

読んで使える

あなたの
エンディング
ノート

特定行政書士
相続・終活コンサルタント
明石久美 著

水王舎

〈はじめに〉
あなたと家族にとって必要なことを記しましょう

　あなたがエンディングノートを作成しようと思う理由（目的）はなんでしょうか。「とりあえず残しておく」人もいるでしょうが、多くは「自分や家族が困らないため」ではないでしょうか。

　しかし、現実的にはたくさんの要望を残し、それを依頼するノートばかりです。本人の要望を叶えようとした結果、家族が困ることも実際にあります。実行援助するのは、あなた自身ではなく家族です。行う家族の気持ちや立場も考えなければいけません。

　筆者は相続業務が専門ですが、葬儀・墓・遺品整理なども含めた終活全般にも詳しいため、どのような情報が必要なのかよくわかります。ですが、相談者やセミナーを受講してくれた人は、何が必要でどれが不要な情報なのか、また、なぜその情報が必要なのか、不要なのかがわからないノートが多いといいます。

　このエンディングノートは、最低限残しておきたい情報と必要に応じて残しておくとよい情報のみにし、家族が困る要望やあえて残す必要のない情報は省いてあります。あわせて、なぜこの情報があるとよいのかなどわかるようにしました。

　これからのあなたのために、そして行う家族のために、ぜひこのノートを活用してください。

相続・終活コンサルタント　特定行政書士　明石久美<small>（あかしひさみ）</small>

記入日：　　　年　　月　　日

●緊急時の医療情報●

救急隊などがわかるように、切り取ったこのページを
玄関や冷蔵庫、固定電話の近くに置いたり貼ったりしておきましょう。

ふりがな		性別	生年月日	年　　　月　　　日
氏名		男 女	血液型	型　RH　＋　－
			電話番号	
住所				

●かかりつけ医情報

病院名・科・担当医・連絡先など	持病	通院頻度

●体質（アレルギーなど　状態や原因、食品名について）

(例) 金属アレルギーがある。ハチに刺されことがある。

●日常飲む薬について（何に効く薬か　薬の保管場所など）

(例) お薬手帳は○○へ保管、薬は○○にある。

●その他（ペースメーカー、足・耳が不自由、しゃべれないなど）

キリトリ

裏面へ

●病歴・手術歴など

病名や症状、手術内容	いつごろ	完治・治療中
		完 ・ 中
		完 ・ 中
		完 ・ 中

●緊急連絡先 (連絡を優先する順)

氏名	続柄・関係	居住地	連絡先

●延命治療　手を尽くしても回復しない状態のときに生命を維持するのか否かの選択です。家族が判断に困らないように、また、選択した家族が周囲の心ない言葉で傷を残さないよう、しっかり理由を残しておきましょう。

□望む／□望まない　□どちらにしても緩和治療は望みます

理由：(例) 家族が私の死に目に会えなくても延命治療はしてほしくない

●余命・病名・終末期　理由を明確にしておくことで、本人も家族も困らずにすみます。

余命・・・□ 知りたい ／□ 知りたくない　｜　病名・・・□ 知りたい ／□ 知りたくない

理由：(例) やり残したことを行いたいから余命が短くても知りたい、会えるときに友人にお別れがしておきたい、体力のあるうちに行きたい場所に旅行したい、投薬で味覚が変わる前に食べてみたかった食事をしたい、家の片付けや旅立つ準備がしたい、可能なら最後は自宅に戻りたいなど。

●その他：臓器提供、献体など

献体を希望する場合は、事前に団体や大学などへの登録や親族の同意書が必要です。本人死亡後は献体先へ搬送しますが、その前に葬儀もできます。

(例) 臓器提供を希望。保険証に意思表示あり。SS会に献体希望登録済　03-4567-1234。

キリトリ

もくじ

本書の使い方

❶ 必要最低限の情報のみ残せばよい

本書は、

・残しておきたい情報

・必要に応じて残したい情報

を残すノートにしてあります。

残すことで家族が困る要望や、本来は家族が決めるべきもの、また、第三者に見られて困る情報は、あえて省いてあります。

❷ 情報が伝わればあえて詳細を書かなくてもよい

記入箇所はそれなりにあります。しかし、

・その情報がわかる保管場所を書いておく

・その情報を誰かに伝えておく

ことですむものは、そうしておけばよいのです。全部しっかり書く必要はありません。

❸ 形にこだわらない

必ずしも手書きする必要はありません。たとえば、

・パソコンで作成して貼る、追加分を書いた紙を貼る

・もらった見積書や名刺をホッチキスでとめておく

・袋に入れてまとめておき、その保管場所を書いておく

方法もあります。

どのような形でも、わかるようになっていればよいのです。

作成するときの注意点

❶ 家族の負担を考える

エンディングノートは、本人の意思や情報を伝えるツールですが、作成するときには

- **自分の意思を一方的に残さない**
- **介護や死後のことなどを行う「家族目線」で作成する**

その希望や要望を残す場合には、その要望などで家族は困らないのか、家族の負担はどうなのか考えることが大切です。

❷ 残す目的を明確にする

ノートには法的な効力はありません。しかし、家族は本人の要望を叶えようとする傾向にあるため、何げなく残すことによって、家族がその内容に拘束されてしまう場合があります。

「残す目的・意味」をしっかり考えたうえで残しましょう。

❸ 家族と共通の認識を持っておく

できれば、家族とコミュニケーションを取りながら作成したいものです。自分と家族の気持ちや考えがわかるからです。

そして、一度書いた内容は定期的に見直し、いざというとき家族が確認できるよう、保管先を明確にしておくことも忘れずに。

書きやすいところ
から書いてね

残して
おきたい

● 基本情報 ●

救急時情報と重複部分もありますが、わかるようにしておきましょう。

ふりがな 氏名	(旧姓)	性別	
		男 ・ 女	
生年月日		血液型	型　RH　＋　－
住民票の 住所	(世帯主名)		
自宅電話		携帯電話	

●**緊急連絡先**　依頼している専門家にすぐ知らせる必要がある場合はここに記入。訃報連絡で
よければ、34ページに記入

氏名	続柄・関係	居住地	連絡先
		○○県○○市	

メモ

●エンディングノートを残そうと思った理由

●優先順位　確認☑する

　発言したこととこのノートの内容が食い違っている場合、家族はどちらを優先すればよいのか困ったり、家族間で意見がわかれたりしてしまいます。ノートの内容優先してほしい場合は、checkしておきましょう。

　　□ このノートの内容を優先すること

●このノートを書くにあたって（家族へのお知らせ）

１．実際に援助・手続きする際に必要な事実情報をメインに残しています。

２．家族が判断すればよい情報は、あえて情報を残していません。

３．要望には、理由や気持ち・想いを書いているので参考にしてください。

11

今後をよりよく生きるために考えておきたいこと

(1) 変えられるものに目を向ける

・今の自分を作っているのは自分自身。

・不本意だったとしてもいくつもの「選択」をした結果が現状。

・「わかっている」「知っている」だけでは何も変わらない。

・何かを変えるためには、考え方を変えたり、行動をしたりしなければ変わらない。

・変えられない相手と過去に目を向けるより、変えられる自分と未来に焦点を当てるようにしてみる。

(2) 活動できる時間は約2／3

1日の睡眠時間を8時間とした場合の時間・日にち換算です。

	日	時間		日	時間
半月	15日	360時間		10日	240時間
1カ月	30日	720時間		20日	480時間
1年	365日	8,760時間	➡	243日	5,840時間
5年	1,825日	43,800時間		1,217日	29,200時間
10年	3,650日	87,600時間		2,430日	58,400時間
15年	5,475日	131,400時間		3,650日	87,600時間
20年	7,300日	175,200時間		4,867日	116,800時間

睡眠1日8時間を差し引くと

1カ月のうち実際に活動ができるのは20日しかない。

(3) 「言い訳」は便利なツール

・やってみたいこと、やりたいことはあるけど……「時間が」「お金が」「配偶者が」……という「言い訳」は、『できない』を正当化させる便利なツール。

・あきらめることを自分に納得させるために使っているとしたら、もうやめる。

・できるかどうかはさておき、「やってみたいかどうか」を考える。

・納得したうえで、やる・やらない を決めると後悔しない。

潜在意識を活用しよう

（1）顕在意識と潜在意識

　16、17ページの「やってみたいこと」を書くにあたり、また、これから先、より良い人生にするためにも「潜在意識」を活用してみましょう。コトをよい方向にもっていきたい、希望を叶えたいというときに使えます。

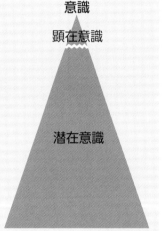

○**顕在意識**……自分で意識（自覚）している意識。意思決定、判断、選択、願望、悩み、不安などが該当。全体の5〜10％しか使われていない。

○**潜在意識**……自分で意識（自覚）することができない意識（無意識）。手を洗うとき無意識に袖をまくるといった、今まで積み上げてきた過去の経験や記憶、思考パターン、習慣などが該当。全体の90〜95％が使われている。

・無意識（潜在意識）のほうが影響力は圧倒的に大きい。

・自分の中にある無意識（潜在意識）を意図的に有効活用しなければもったいない。

（2）脳の特徴

・脳は過去または未来の出来事を、今現在の出来事ととらえてしまう。過去の悪いできごとは「トラウマ」、良い出来事は「思い出」となる。未来の悪い想像は「不安」、良い想像は「希望」となる。

・脳は「私」や「あなた」などの主語がわからないため、悪口、批判、感謝、賞賛などを相手に言っているつもりが、自分自身に向けた言葉と認識してしまう。

・脳は否定形を理解できないため、「失敗するかも」という思いをそのままのイメージで受けいれてしまう。「成功する」イメージをすることが大切。

→逆手にとって活用してみましょう。

（3）思考パターンの「クセ」チェック

　質問です。 あなたは自分のまわりにいる人たちに対して、普段どのように思って（感じて）いるでしょうか。

　次の3つの中から1つだけ選んでください。
A：私は他人から、嫌われたくないと思っている
B：私は他人から、好かれたいと思っている
C：私は他人から、好かれている

　選んだ記号の、あなたの潜在意識を見てみましょう。

A：嫌われたくないと思っている
・嫌われたくないと「思っている」時点で【嫌われる】という願いになってしまう。
・嫌われたくないという意識は、【嫌われる】かもしれないし、【嫌われる】ことはないかもしれないとなる。
・潜在意識は否定形を理解できないため、【嫌われる】を「願い」として受け入れてしまう。

B：好かれたいと思っている
・今は【好かれていない】けど……と、否定の言葉が続くものは、【好かれていない】と潜在意識は認識してしまう。
・自分には無理だという意識が働いてしまう。
・そもそも、「好かれている」と思っている人は、「好かれたい」とは思わない（満たされている現状があるので）。

C：好かれている
・言葉どおり【自分は好かれている】と潜在意識は受け取る。
・自分自身に価値があると認めている人でもある。
　ただし、おかしな人と誤解されないように、人前で「私は好かれている」と言わず心の中で思うようにしたほうがよい。

（4）思考は現実化する

潜在意識は、現実とイメージの区別がつかない。

・潜在意識は、「具体的なイメージ」＋「ポジティブな感情を伴うもの」を現実的なものにしようと顕在意識に働きかける。

・望む現実を先に確定させると潜在意識が叶えようとする。

・ポイントは「現実になっているイメージ＆うれしい言葉」

　＃○○温泉の露天風呂、あったかくて"きもちいい〜、お肌ツルツル〜"

　＃超豪華な刺身の船盛とカニ、この日本酒も"おいしい〜"

　など、すでに手に入れているイメージをしながら、そのとき感じているプラスの言葉をあえて口にし、未来を確定させるとよい。

「ウソだ、そんな簡単にいくはずがない、くだらない」——そう思った人は、その言葉どおり確定されてしまいます。

（5）自分に許可を与える

・知らず知らずのうちに、思い込んでいることや自分に制限をかけていることがある。

・自分に許可を与えることは大切。

・「これでいい」、「まあよい」、「うまくいく」、「何とかなる」、「大丈夫」というように、マイナス部分ではなく、すでにうまくいっている部分（満たされている部分）に目を向ける。

　思考を変えられるのも、未来をよいものにするのも、他人ではなくあなた自身です。ぜひ実践してみてください。

ポジティブな言葉を使って、よりよい現実を引き寄せましょう！

● 私の趣味・嗜好・やってみたいこと ●

この項目は重要です。意思表示ができなくなったとしても、
自分が好む環境で生活をするためには、
あなた自身を知ってもらうことが大切です。

趣味・特技	
好きな／苦手な 食べもの	
好きな／苦手な 味付け	
最後に 食べるとしたら	
好きな／苦手な 飲み物	
好きな／苦手な 香り	

残して
おきたい

好きな 花や色	
好きな・思い出の 曲やジャンル	
好きな本 よく読む本	
よく見るテレビ 映画・ジャンル	
好きな服 よく着る服	
好きな／苦手な 言葉	
よく行く場所 思い出の場所	
行ってみたい場所	

何をしているとき が幸せか	
こういう環境が 好き／苦手	
こういう人が 好き／苦手	
ストレス解消法	
日課	
譲れないもの こだわり	
これからやって みたいこと 実現可能性は 考えなくてOK	
（自由欄）	

18

必要に
応じて
残したい

 ● 自分の年表・思い出 ●

必須情報ではありません。家族があなたを知るよい機会になりますので、
余力があれば残しておきましょう。

●学業成績、得意科目、苦手科目、クラブ活動、両親や先生に反抗したこと、興味
があったこと、打ち込んでいたこと、仕事を通して学んだこと、失敗談、後悔し
たこと、あこがれていた職業、就いた職業、自慢じゃないけど、つらいときこう
頑張った、忘れられないできごと、感謝していること　など

10代のころ	
20代のころ	
30代のころ	

40代のころ	
50代のころ	
60代のころ	
70代のころ	
80代のころ	

今までに 住んだ 家・場所	
長所 自分で言うのも なんだけど……	
短所 自分で言うのも なんだけど……	
今までで うれしかったこと	
親にしてもらった 印象に残ること	
（自由欄）	

必要に
応じて
残したい

記入日：　　　年　　月　　日

 ● 家族・友人に伝えておきたいこと ●

メッセージは必要に応じて残しておきましょう。

先に知られたくない場合は、別途手紙で残すこともできます。

●家族へのメッセージ、感謝の気持ち（全員あて、個人別など）

●**友人、入会している会員などへのメッセージ**（全員あて、個人別など）
　家族が伝えられるように、「どこの誰」「連絡方法」も含めて書きましょう。

本人・家族へ

医療費の負担で利用できる制度

（1）高額療養費制度と限度額適用認定証

・医療費を一定額以上負担した場合、市区町村役場などの健康保険の窓口で高額療養費の申請をすると、医療費が戻ってくる（下の計算例参照）。

・医療機関ごと、医科・歯科ごと、入院・外来ごとに分けて、1カ月（1日から末日まで）の合計が自己負担限度額を超えた部分について支給を受けることができる。

・入院時の食事代、差額ベッド代などは対象外。

・入院などの前に、市区町村役場などの健康保険の窓口などで「限度額適用認定証」を交付してもらい、医療機関へ提示すると、医療費の自己負担が一定額（高額療養費の自己負担限度額）に抑えられる。

計算方法の例：下表ウの現役並みⅠで医療費が3割負担の場合

窓口で3割負担分30万円を払った場合（総医療費は30万円÷3割＝100万円）

80,100円＋（100万円－267,000円）×1％＝87,430円

30万円（窓口負担）－87,430円（自己負担限度額）＝212,570円（支給額）

・限度額適用認定証があれば87,430円の窓口負担ですむ（食事代などを除く）。

参考：　　　　　　　　　　　　　　　　　　　　　　　　　2020年7月現在

	所得区分	自己負担限度額
ア	現役並みⅢ（年収約1160万円〜）	252,600円＋（総医療費－842,000円）×1％
イ	現役並みⅡ（年収約770万円〜1160万円）	167,400円＋（総医療費－558,000円）×1％
ウ	現役並みⅠ（年収約370万円〜770万円）	80,100円＋（総医療費－267,000円）×1％
エ	一般所得者（〜年収370万円）	57,600円
オ	低所得者（住民税非課税世帯）	35,400円

（2）高額療養費貸付制度

・高額療養費の申請をしても支給まで約2〜3カ月かかる。

・当面の金銭に困る場合には、市区町村役場に申請をすることで、医療費の支払いに充てる資金として、高額療養費支給見込み額の8割相当額を無利子・無保証人で借りることができる。

本人・
家族へ

介護保険制度

(1) 要介護認定を受けるための申請の流れ

❶申請：本人、家族が市区町村役場に「要介護認定」の申請をする。

❷認定調査：本人の主治医に心身の状況についての意見書を作成してもらい、市区町村役場の職員などが訪問して本人の心身の状況などについて調査をする。

❸審査・判定：訪問調査の結果によるコンピュータ判定（一次判定）と医師の意見書および調査票の特記事項をもとに「介護認定審査会」で審査し、要介護状態区分を判定。

❹認定・通知：介護認定審査会の審査結果に基づいて「要介護1〜5」「要支援1・2」「非該当」の区分に分けて認定。その結果を通知（申請から1カ月程度要する）。

(2) 「ケアプラン」の作成（無料）

・「要支援」の場合は、地域包括支援センターのケアマネジャーがケアプラン作成を担当。そのプランに沿ってサービスを提供する事業所と契約をして、介護予防サービスの利用ができる。

・「要介護」の場合は、基本的に自分でケアマネジャーを探す（地域包括支援センターでも紹介してもらえる）。ケアプラン作成事業者（居宅介護支援事業者）を選び、そこのケアマネジャーにプラン作成を依頼。施設の利用を検討している場合は、施設のケアマネジャーにプランを作成してもらう。

(3) 利用者負担と費用が高額になったときの申請

・介護保険の利用者負担は、かかった費用の1〜2割。とくに所得の高い人は3割負担。

・費用が高額になったときは、認められれば後日支給される。

　→高額介護サービス費：1カ月の介護サービス利用者負担額の合計が限度額（市民税課税世帯：44,000円など）を超えた分

　→高額医療・高額介護合算療養費：1年間の医療保険と介護保険の利用者負担額が高額になり、限度額（70歳以上の一般世帯：56万円）を超えた分

・健康保険の窓口で申請する。

本人・
家族へ

終末期医療に関する意思表示

　本人の意思が確認できないなど、家族が判断しなければならない場合に備え、必要に応じて別途準備しておきましょう。

尊厳死	自分の意思で死にゆく過程を引き延ばすだけに過ぎない延命措置をやめてもらい、人間としての尊厳を保ちながら死を迎えること。痛みや苦しみを伴う症状の緩和処置は行ってもらえる。	
	リビング・ウイル	日本尊厳死協会が発行。署名・押印した書類を登録・保管してもらうことができ、会員証と証明ずみのコピーがもらえる。正会員2,000円／年、終身会員70,000円／一括がかかる。 理解のある医師の紹介や終末期の電話相談などを行っている。
	尊厳死宣言 公正証書	公証役場で作成。作成手数料（12,000円〜14,000円）がかかるが、会費などその後にかかる費用はない。 作成には本人の印鑑登録証明書と戸籍謄本、家族の了解書などが必要。
事前指示書	突然の病気や事故、認知症などによって、医療ケアの判断や選択ができなくなったときに備え、終末期の医療やケアなど自分に施される医療の方針を、事前に意思表示しておくもの。 決まったフォーマットはないため、医療機関のホームページや市区町村役場などで入手。 医療代理人を指定しておく。	
人生会議 （アドバンス・ケア・ プランニング：ACP）	将来の意思決定能力の低下に備え、治療方針や療養についての気がかりのほか、本人が大切にしてきた価値観や生き方を理解してもらうため、患者本人、家族、医療従事者や介護提供者などがあらかじめ一緒に共有してケアを計画するもの。事前指示書や尊厳死宣言書などの情報も反映される。	

本人・家族へ

年金について

（1）もらえる公的年金

老齢年金		65歳から受給。
	繰り上げ受給	60歳から64歳のあいだに受給。繰り上げ月数に応じて0.5%～30%減額された受給が生涯続く。そのほかにもデメリットがあるため、選択前に確認が必要。
	繰り下げ受給	66歳から70歳のあいだに受給。繰り下げ月数に応じて8.4%～42%増額した額が生涯受け取れる。
未支給年金		年金受給者が亡くなったとき、まだ受け取っていない年金を受け取れる。請求できるのは、生計を同じくしていた人で、配偶者、子、父母、孫、祖父母、きょうだい、3親等以内の親族と順位が決まっている。
遺族年金		年金の被保険者（または被保険者であった人）が亡くなったときに、その人によって生計を維持されていた遺族が受け取れる年金。
寡婦年金・死亡一時金		夫が国民年金に10年以上加入し、老齢年金を受け取ることなく亡くなった場合には、妻は「寡婦年金」か「死亡一時金」を受け取ることができる（夫は妻の死亡一時金のみ受け取れる）。

・相談や手続きは、最寄りの年金事務所や年金相談センターへ。
・年金の時効は5年。ただし、死亡一時金は2年。

（2）確定拠出年金

・60歳までの間に税制優遇を活用しながら自分の年金を作っていく制度。
・掛け金を自分で支払う「個人型（iDeCo）」と、会社が支払う「企業型」の2種類がある。
・受け取りは60歳以降と定められているが、加入期間が長ければ60歳から、短い場合には65歳近くにならなければ受け取れない（70歳の期限までに手続きが必要）。
・年金形式もしくは一時金で受け取る。

本人・家族へ

知っておきたい葬儀のこと

葬儀で困ることの1つが、「葬儀の手順」です。亡くなった直後からすぐに葬儀の準備を始めなければならないため、流れを知っておくと役立ちます。

※地域や慣習によって異なりますが、ここでは「東京都内の病院で死亡し、仏式葬儀を行う」前提で進めていきます。

(1) 亡くなった直後から通夜前までに行うこと (ここが大変)

❶故人が病院の霊安室に安置される。

❷すぐに葬儀社を探して搬送の依頼をする (病院から早めの搬送を促されるため)。

❸葬儀社の到着を待つあいだなどに故人の荷物の片付け、医療費などの支払い (後日精算の場合もある)、死亡診断書 (左側のページは死亡届) の受け取りをする。

❹葬儀社到着後、搬送先を決め、葬儀社に搬送、安置をしてもらう。

❺葬儀社と葬儀内容の打ち合わせをする (菩提寺があれば連絡、葬儀を行う場所、親族や会葬者の人数、祭壇、棺、料理、返礼品などを決める)。

❻葬儀社へ正式に依頼をする (別の葬儀社にするなら、ここまでの分を精算)。

❼遺影写真を決め、葬儀社へ渡す。

❽死亡届に記入し、市区町村役場へ提出 (葬儀社が提出を代行する場合が多い)。

❾訃報の連絡をする。

❿お布施など現金の準備をする (葬儀費用の支払日や支払方法を確認しておく)。

(2) 通夜から精進落としまで

❶納棺 (すでに納棺されている場合もある)。

❷通夜 (始まる前に、供花の並び順や席次の確認。僧侶到着後にお布施を渡す)。

❸〈翌日〉葬儀、告別式 (弔辞があれば読む人・順番を決める)、最後のお別れ (柩（ひつぎ）に花などを入れる)、出棺、火葬 (火葬中に精進落としをすませることもある)、骨あげ (2人1組で遺骨を骨壺に納める)、遺骨迎え (自宅へ遺骨を安置。このあと精進落としをすませることもある)。

❹初七日法要 (今は告別式のあとに行うことが多い)。

❺四十九日法要 (葬儀のときに日時を決めるとよい)。

❻精進落とし (本来は四十九日法要のあとに行う)。

(3) 家族が困ること

　病院で亡くなる人は全体の約70％です。そのため（1）のような流れになる可能性は高くなります。（1）の❷を見てわかるとおり、家族が最初に行うことは、葬儀社を探して決めることです。大切な人を亡くした心の余裕がない中、良い葬儀社を探そうと思っても比較検討している時間はありません。

　また、❹の搬送先も、故人が自宅に戻りたいと思っているのか、どこに搬送するのがよいのか困る人もいます。

　❺の葬儀社との打ち合わせでは、葬儀を行う場所や内容を決めなければなりませんが、菩提寺の連絡先がわからなかったり、どのような葬儀を行うとよいのか一つひとつ判断するのに迷ったりしてしまいます。

　そうなると、すべてが「とりあえず」で決めてしまいがちのため、結果的に葬儀費用が多くかかってしまったり、悔やむ内容になってしまったりすることがあります。

(4) 事前に行っておくとよいこと

　可能なら、事前に"本人と喪主になる予定の人が一緒に"葬儀社へ直接足を運び、見積書を作成してもらうのが一番です。本人の希望も確認でき、葬儀費用の把握ができます。喪主になる人は疑問が解消できるうえ、全体の流れもわかります。また、葬儀社の雰囲気や担当者の姿勢（お客様目線かそうでないか）などもわかります。何よりも、いざというときに依頼できる葬儀社の候補があれば困らずにすみます。

　あわせて、本人が葬儀に呼んでほしい人のリストや遺影用写真の保管場所もわかるようにしておくと家族は助かります。

(5)「葬儀」を考える際の注意点

　行った葬儀で嫌な思いや大変な思いをするのは、見送られる本人ではなく送る側の家族です。親せきの心ない言葉で傷ついたり、故人の友人らから「お別れしたかった」と言われ申し訳ない気持ちが募ったり、焼香したいとの来訪者対応で時間を取られたり、結果的に嫌な思いや大変な思い、後悔などをしてしまう家族もいます。

　どのような葬儀を行うにしても、家族の精神的負担や周囲の人たちの気持ちも考えたうえで決めることが大切です。

残して
おきたい

菩提寺や葬儀社の連絡先、遺影用写真の保管場所

亡くなるとすぐに葬儀社への連絡が必要です。予約または予定（候補）している葬儀社があれば、わかるようにしておきましょう。また、菩提寺などがある場合もすぐ連絡が必要です。連絡先を残しておきましょう。

●予約している葬儀社、見積書作成してもらった葬儀社候補、希望の葬儀社
（ある場合のみ。なければ空欄でOK）

葬儀社名		場所	○○県○○市
連絡先		担当者	
積立予約予定（候補）などがある場合	□ 積立している　□ 会員になっている　□ この葬儀社を希望 　　　　　　　　　　　　　　　　　　　　※以前依頼したなど 見積書を □もらった　□もらっていない （書類保管場所：　　　　　　　　　　　　　　　　　　　　　） ※わかる書類は貼り付けておくとよい （選んだ理由：　　　　　　　　　　　　　　　　　　　　　　）		

●宗教

□仏教　　□キリスト教　　□神道　　□無宗教
□その他の宗教（　　　　　　　　　　　　　　　　　　　　　　）

●菩提寺・教会・神社などの連絡先

名称		宗派	真言宗豊山派　カトリック　など
連絡先	○○県○○市　03-1234-5678		

●遺影用写真の保管場所（写真の指定がある場合は、わかるようにしておきます）

本棚のアルバムを見ればわかるようにしてある。スマホのメモリカードから選んでほしい　など

本人・家族へ

おもな葬儀のスタイル

（1）それぞれ長短がある

一般葬	身内や町会、知人など故人に縁のある方々に広く訃報を知らせ、故人を見送る葬儀。供花や香典を頂けるため結果的に費用負担が少なくすむことがある。
家族葬	定義がはっきり定まっていないため、家族のみ、親せきも含める、故人の親しい友人も含めるなど解釈は人それぞれ。 故人と縁のある方々の「お別れしたい」思いをくみづらい葬儀でもある。
1日葬	通夜を行わず葬儀・告別式のみを行うもの。 1日だけですむため遺族の負担が少なくなるが、費用が大幅に削減できるわけではない。
直葬	葬儀を行わず火葬のみを行うもの。法律により最低24時間経過したのちでなければ火葬できないため（死因が特定の感染症の場合を除く）、1日は安置が必要。 直葬は読経などがないため、遺体の処分と感じる人もいることから、親族などとトラブルになる場合がある。
無宗教葬 自由葬	宗教にとらわれず自由に行う葬儀。読経を行わない時間の過ごし方の準備が必要。対応している葬儀社に事前に相談・依頼しておくとよい。
市（区）民葬	その地域に居住していれば利用でき、自宅にて少人数で行う葬儀を想定している内容がほとんどのため、自宅以外で葬儀を行う場合は多くの費用がかかる。
お別れの会・ 偲ぶ会	葬儀が終わったあと日を改めて行う会。平服で出席し、ホテルやレストランなどでの軽食、献花などを行うのが一般的。 ①香典を受け取る、②香典を辞退、③会費制のいずれかになっており、主催が遺族の場合は①、会社などの場合は②、有志の場合は③が多い。 これらの会は、香典より会費のほうが高かったり通夜より滞在時間が長くなったりすることから、この会より葬儀に呼んでほしかったという声もある。

31

（2）葬儀内容の希望を残す場合は理由も残す

　どのような葬儀内容にしたいのか希望がある場合は、その理由もあわせて残しましょう。

　葬儀の希望に関しては、今では多くの人が家族葬や直葬などの簡素な形式の葬儀を選びがちです。

　しかし、葬儀を行うのは本人ではなく家族であり、簡素な葬儀を行ったことで家族が後悔したり嫌な思いをしたりすることもあるため、なぜそのように考えたのか理由がわかったほうが、家族が判断しやすくなります。たとえば次のような要望・希望です。

要望・希望の例

・自分なら友人に感謝の気持ちを伝えお別れしたいから、友人を私の葬儀に呼んでほしい。
・遠い地域の親せきにも声をかけ、参列するかどうかは相手の判断に任せればよい（来なくても供花を出してくれる場合もある。何よりも「聞いていない」と言われないように）。
・金銭の負担よりも家族の精神的負担を重視して決めてほしい（私の友人らを呼んで葬儀を行ったほうが負担が軽くなるなら、そうしたほうがいい）。
・元気な姿のまま覚えていてほしいので、なるべく死に顔は見られたくない。
・参列者へ「出会えたことに感謝している。今まで本当にありがとう」と伝えてほしい。

（3）イメージは明確にしておく

　具体性を欠いたイメージは家族を困らせます。たとえば、「質素な祭壇」「普通の祭壇」といわれても、どのような祭壇なのかはイメージできません。それならば、エンディングノートに祭壇のイメージ画像を付けたほうが明確です。

　葬儀の予算も同様で、その予算に何が含まれているのか、また、葬儀費用のみなのか、お布施も含まれているのかなども明確になっていないとわかりにくいため、可能なら見積書などを付けておきます。

　要望を残す際には、誰が見てもわかるような画像や具体的な数字を残したほうが家族は困りません。

必要に
応じて
残したい

● 葬儀に関する要望 ●

葬儀の要望は「○○葬」などのスタイルを指定するよりも、

家族が葬儀内容を決める際の参考になるような事項を残しておきます。

要望を残す場合には、理由もあわせて書いておきましょう。

●要望・希望

（あえて要望がある場合）…このような葬儀を希望、その他伝えたいこと	
	要望例は左を参照
安置場所 （搬送先）	可能なら自宅がいいが、難しいならせめて自宅の前を通ってほしい
祭壇の色合い 使ってほしい花	ピンク系の祭壇がよい、可能ならカサブランカを多めに入れてほしい
棺の中に入れて ほしいもの	家族の写真や手紙を入れてほしい　※実際には入れられない品物もあります
最後に着たい服 （旅立ちの服）	特にない
流してほしい 曲や映像	「G線上のアリア」と「エーゲ海の真珠」
その他	
	趣味の絵を飾ってほしい、せんべいを供えてほしい、「お疲れさまでした」と送り出してほしい

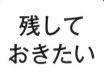

記入日：　　年　月　日

 ● 親せき・友人・知人の名簿 ●

本人の友人・知人関係を家族が把握しているとは限りません。

もしものことがあれば当面は家族が応対するため、家族が困らないよう、

連絡先を残しておきましょう。

携帯電話を紛失した際の連絡先としても役立ちます。

もしものとき連絡してほしい人の番号に○をつけておきます。

No	氏名	住所／電話番号／メールアドレス	関係・団体名など
1			
2			
3			
4			
5			
6			
7			
8			

No	氏名	住所／電話番号／メールアドレス	関係・団体名など
9			
10			
11			
12			
13			
14			
15			
16			
17			
18			
19			
20			
21			

本人・
家族へ

墓について知っておく

(1)「墓」で考えておきたいこと

　現在の状況によって、考えておきたいことは異なります。

・今ある墓の祭祀承継者なのか

　→その場合、その墓に入るのか。

　　→入る場合、次の祭祀承継者がいるのか。

　→今ある墓に入らない場合、どの墓に入る予定なのか。

　→次の祭祀承継者がいない場合、その墓をどうするのか。

・そもそも祭祀承継者ではない場合、すでにある身内の墓に入る予定なのか、新しく墓を求める予定なのか。

　→墓を求める場合、永代供養の墓にするのか、継がせるタイプの墓にするのか。

　自分が守っている墓に入り、その墓を継ぐ人がいるなら問題ありませんが、墓を継ぐ者がいない場合は、その墓をどうするのか考えておかなければなりません。

　また、入る墓がない場合には、どのような形で供養をしてもらいたいのかについて、考えておくことも大切です。

(2) 祭祀承継者とは

　祭祀承継者とは、墓・仏壇・仏具などの祭祀財産を継いでいる者をいいます。

　祭祀財産は相続財産ではないため、親族なら苗字の違う人でも承継者になれます。話し合いで決まらない場合は、家庭裁判所に決めてもらわなければなりません。

　次の祭祀承継者がいない場合は、今ある墓の場所（墓地）を更地にして墓地管理者（寺院や霊園など）へ返さなければなりません。

(3) 永代供養の意味

　「永代供養」とは、寺院や霊園が遺骨を預かり、供養や管理を行ってくれる供養方法をいいます。なお、「永代」とは永久という意味ではなく、「一定期間」です。寺院や霊園によっては、永久に供養してくれる場合もありますが、たいていは7年、13年、33年などある程度の期間が定められています。

(4) 墓を継ぐ人がいない場合の「墓じまい」

　墓をどうするのかに関しては、親族の意向を無視して進めてはいけません。墓は祭祀承継者の所有物ではありませんから、墓参りする人の気持ちも考えたうえで進める必要があります。

❶墓の近くに住む親せきに墓を守ってもらう。

　親族が引き受けてくれるかを打診し、引き受けてくれない場合には別の選択肢を考えるようにするのが無難。

❷今ある墓の場所（墓所）のまま永代供養（一定期間の供養）をしてもらう。

　墓地管理者（寺院や霊園など）の承諾が得られれば可能。

❸墓地内にある永代供養の墓に移す。

　今ある墓の敷地などに永代供養の墓を購入し、そこに遺骨を残したのち墓所を更地にする。

❹自分や子などが住む地域（他の市区町村）に遺骨を移転する。

　墓地がある役所で改葬許可申請書をもらい、墓地管理者の署名などをもらったのち役所に提出し、改葬許可証を発行してもらわなければ、他の市区町村へは遺骨の移転ができない。

　❸と❹なら❸のほうがスムーズにコトが運ぶ。

(5) 墓を選ぶ際の注意点

・自分の墓、もしくは改葬（上の❸と❹のケース）後の遺骨の移転先として墓を探す場合には、現地を見学するとよい。

・自分の墓を見学する場合、供養をする側の人と一緒に行くとよい。

・自分がよいと思っても、供養する側の人がそれをよいと思わない場合もある。

・一度購入した墓は返還や転売ができない。年月とともに墓石の破損・倒壊の可能性もあり、墓購入時から年間管理料がかかる墓もある。

・家族に相談せずに墓を購入すると、墓参りや管理で困る場合もある。

(6) 宗旨と宗派

　宗旨は、仏教、キリスト教、神道など信仰している宗教の教えや教義そのものをいい、宗派は、仏教の〇〇宗やキリスト教のカトリックなどの信仰対象をいう。

(7) 墓でかかる費用の種類

永代使用料	墓の区画を使用する権利の費用。一度支払った費用は返還されず譲渡もできない。承継者がいなくなったら更地にして返還する義務がある。
入檀家料	檀家になるときに必要になる場合がある。
永代供養料	一定期間の供養料。
年間管理料	毎年かかる費用。清掃や整備、光熱費などに使用される。一定期間滞納すると契約解除になり墓が撤去される場合がある。
墓石代工事費	墓購入費のほか、墓石や墓碑・墓誌に故人の名前や没日を彫る費用、納骨室の開閉、改葬時には墓を更地にする費用がかかる（石材店へ依頼）。
法要費用	納骨、四十九日、一周忌、盆、彼岸などの際にお布施や会食費がかかる。新しい墓に納骨する際には開眼供養（魂入れ）、墓を閉じるときには閉眼供養（魂抜き）も必要。

(8) 墓を選ぶ前に考えておきたいこと

確認事項	ポイント
宗旨・宗派	墓地を選ぶ場合には確認が必要。
祭祀承継者	次の承継者がいなければ永代供養の墓を選択。
埋葬・収蔵・散骨など	埋葬するのか（寺院、霊園、樹木葬など）、納骨堂へ預けるのか、散骨するのか、手元供養するのか。
場所	風景、環境（階段、坂道、日当たり、水はけ、道幅、駐車場からの距離など）、交通の便（駅からの距離、バスの本数、タクシーの有無や料金など）。
購入時期	事前に購入（契約）するのか、葬儀のあとに購入するのか。
今後の費用	永代供養料、改葬費用、お布施、年間管理料などどの程度かかり、その費用はどうするのか。
供養する側の気持ち	家族・親族などがその供養方法で納得するのか、墓参りに行きやすい場所なのか。

(9) 墓の種類と注意点

種類		概要・注意点など
墓地・霊園	寺院墓地	宗旨・宗派が問われるが、日々の供養や管理などを行ってくれるため、供養を第一に考える人にはよい墓。かかる費用は寺院次第。永代供養の墓の場合は檀家にならずとも墓を持つことができる。
	民営霊園	宗教自由が多い。ペットの火葬施設やペットと一緒に入れる墓がある霊園もある。災害などで墓石が倒壊してしまったような場合でもすぐに復旧される。
	公営霊園	宗教自由。応募時期や資格（居住地・遺骨がすでにあるなど）が限定されるが民営の墓地より比較的安価。霊園により生前購入できる場合もある。
永代供養の墓	永代供養墓	墓地管理者が永代（一定期間）にわたって遺骨を管理・供養。個別タイプや集合タイプもあるが、合祀（合葬）タイプが一般的。合祀（他の遺骨と合わせて埋葬）後は基本的に取り出すことはできない。
	樹木葬	墓標とした木の周囲に埋葬したり、購入した区画に墓石代わりの樹木を植えたりする。
	納骨堂	遺骨を預けるタイプの墓。納骨箱などがある場合は、そこに何柱（何霊）入れられるのか確認が必要。自動搬送式は年間管理料が高め。
散骨	海	船で散骨ポイントまで移動し、パウダー状にした遺灰を散骨する。散骨の良否はわかれるため、否定的な人の心ない言葉で傷ついたり後悔したりする人もいる。一部のみを散骨し、残りを供養するなどもできる。なお、条例により散骨を制限している場所があるため、どこでも撒けるわけではない。
	山・島	場所が限定されているが、山や島などへ散骨。宗教者同行や遺族のみで行うなどがある。
	成層圏	直径1.5〜2ｍの巨大バルーンに遺灰を入れ、高度35〜40kmの成層圏付近で割れることにより散骨。
	宇宙	カプセルに遺灰数グラムを納め、海外から宇宙へ打ち上げる。月面、人工衛星、宇宙空間などのタイプがある。
手元供養		納骨箱のままや、ミニ骨壺などに分骨して自宅で供養。ネックレスや指輪、数珠などに加工して弔う方法もある。知らない人の遺骨を継ぐのが嫌な人もいるため、そのときの供養方法も考えておく。

● 次の祭祀承継者への情報 ●

あなたが祭祀承継者の場合は、情報を残しておきましょう。

●墓のある場所、依頼している石材店

墓地管理者(霊園等)の名称と連絡先	□「葬儀」の欄にある菩提寺と同じ → 30ページ参照
墓地規約の保管場所	
依頼している石材店名と連絡先	

●年間管理料やお布施など（管理料の滞納で墓が撤去されてしまうこともあります）

年間管理料		円／年	支払い方法	
お布施	お盆・お彼岸など：			円程度／回
	年忌法要			円程度／回
	その他法要			円程度／回
伝えたいこと				

●すでに墓がある場合の墓の場所・地図（わかるものがあれば貼りつけておきます）

必要に
応じて
残したい

 ● 墓・供養に関する要望 ●

とくに要望がないのなら、あえて家族に任せるのもひとつです。

要望がある場合は、理由とともに残しておきましょう。

理由がわかったほうが、家族間でどうするのか判断しやすくなります。

要望の例

・墓を管理している兄が良いというなら、今ある墓に一緒に入れてほしい。

・妻と話し合った結果、2人で樹木葬の墓を希望（木が多く環境のよい場所だとなお よい）。

・供養前提の墓がよいので 散骨はしてほしくない。

・永代供養の墓ならどこでもよいが、定期的にお参りに来てほしい。

●墓・供養に関する要望（残す場合は、供養する側の気持ちも考えます）

本人・家族へ

判断能力低下時に利用する成年後見制度

（1）成年後見制度は2種類

　成年後見制度とは、判断能力が不十分な人の財産管理や身上監護（生活・医療・介護に関する契約や手続きなど）を法律的に支援する制度で、「法定後見制度」と「任意後見制度」があります。2つの大きな違いは「事前に依頼相手と契約を交わしているか」です。

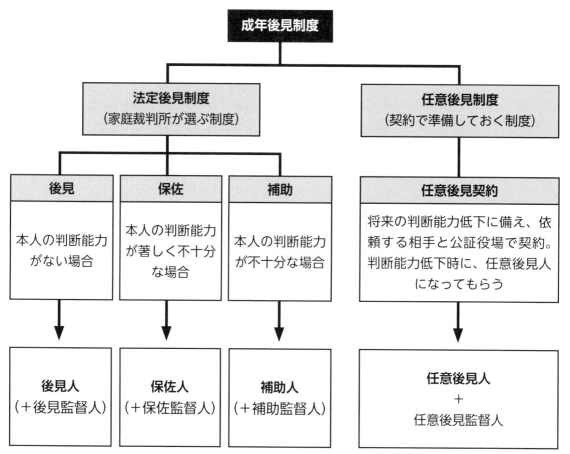

（2）法定後見制度

　任意後見契約がなく判断能力が低下している場合は、法定後見制度を利用します。後見人を誰にするのかは家庭裁判所が決めるため、身内ではなく専門家が選ばれたり、身内が後見人に選ばれても後見監督人として専門家が追加されたりすることもあります。

(3) 申立てができる人、かかる費用、必要な書類

申立てが できる人	本人、配偶者、4親等内の親族（親、子、孫、きょうだい、おじ、おば、甥、姪、いとこ、配偶者の親・子・きょうだいなど）、市区町村長、任意後見人　ほか
申立て先	本人の居住地を管轄する家庭裁判所 ※ 後見人などが選ばれるまで1〜2カ月かかる
申立てで かかる費用	12,000円〜120,000円程度（病院により診断書費用・鑑定費用が違う。補助類型の場合は鑑定費用が不要）
必要な書類	①申立書（家庭裁判所で入手） ②申立事情説明書 ③親族関係図 ④本人の住民票と戸籍抄本 ⑤家庭裁判所所定の診断書および付票 ⑥本人情報シート ⑦登記されていないことの証明書（法務局で取得） ⑧後見人等候補者の事情説明書（候補者が親族の場合） ⑨後見人など候補者の住民票 ⑩親族の意見書 ⑪本人の財産目録 ⑫本人の収支予定表 ⑬ ⑪と⑫に関する資料のコピー　など

（4）法定後見制度利用の注意点

　申立てをすると「やっぱり申立てをやめる」ことはできません。また、よくわからないまま利用して後悔しないよう、制度利用の注意点は知っておきましょう。

・身体が不自由な場合は使えない。

・後見人などは専門家が選ばれるケースが多い。その場合、本人が亡くなるまで専門家への報酬として月2〜6万円程度が必要（家庭裁判所が決定）。なお、後見監督人への報酬は月1〜3万円程度。

・原則辞める（辞めさせる）ことができない。

・後見人などは、家族の意向を聞き入れない場合がある。

・財産対策はできなくなる（後見人などは、本人の財産を守る必要があるため）。

・毎年収支報告などが必要なため、事務処理が多くある。

本人へ

あなたはどのタイプの "おひとりさま" ？

(1) おひとりさまのタイプと後見・遺産の問題点

　「おひとりさま」といっても、まったく身内がいない人もいれば、身内はいるけれど事情があって頼れない人や、今は頼れる人がいても将来頼る人がいない人（おひとりさま予備軍）などがあり、大きく分けると次の3つのタイプになります。

タイプ	後見人の申立て （任意後見契約がない状態での判断能力低下時）	相続財産（遺産）
相続人がいる	身内に頼らざるをえない。	相続人が取得する。
相続人はいないが親せきはいる	後見人などの申立てができる4親等内の親族（43ページ参照）がいるため、疎遠でも頼らざるをえない場合がある。	国のものになる （特別縁故者※がいればその者が遺産をもらえる）。
相続人も親せきもいない	後見人などの申立てができる4親等内の親族がいないため、市区町村が申立てしてくれなければ後見人などが見込めない可能性がある。	

※特別縁故者とは、内縁の夫や妻、事実上の養子、献身的に看護してきた人などのこと

(2) 誰に頼るのかを考える

① 身内はいるけれど頼れない・頼りたくない場合

　次のようなことは考えておかなければなりません。

・財産管理、見守り、葬儀、納骨・法要、遺品整理など、誰に行ってもらうのか。
　→別途専門家へ依頼（46ページ参照）しておく必要がある。ただし、専門家が行うのを快く思わない身内もいるため、事前に身内の理解や承諾を得ておくことが大切。

・面倒をみてもらわない相続人に遺産が行くのでもよいか。

・最後に残った財産（遺産）を、誰がどこへ渡すのか（遺言書で依頼した専門家に遺言執行者［遺言のとおり手続きをする人］として〇〇へ寄付してもらうなど）。

・子がいない夫婦の場合、最終的に残った財産（遺産）をその者の親族に相続させるのでよいのか。

② 甥や姪に頼る場合（甥と姪は相続人ではない場合）

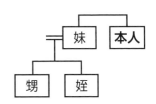

たとえば、本人に子も親もおらず妹がいる場合は、
妹が相続人になり、甥・姪は相続人ではありません。
その場合は、次のことを考えておかなければなりません。

・甥・姪が面倒をみることを承諾しているのか。
　→「つもり」ではなく、本人たちの意向確認は必要。
・甥や姪に面倒をみてもらう場合、多少は財産が渡るようにしておくのか。
　→面倒をみてもらうには、時間や交通費などの負担もある。
　→実際に面倒を見始めると、最初はさほど苦ではなくても本人の症状によっては
　　負担が生じる場合もあるため、感謝の気持ちをある程度残しておく配慮は必要。
・財産を渡す場合は、どのような方法で渡すのか。
　→遺言書を作成して遺産を渡す、生前贈与をして先に渡す、死亡保険金で残すな
　　どさまざまな方法がある。

③ 姪に頼る場合（姪と甥が相続人の場合）

　本人の妹がすでに亡くなっており（甥と姪が相続人）、姪のみに頼る場合には次の
ことを考えておかなければなりません。

・遺言書を作成するのか。
　→遺言書がない場合、甥と姪で遺産を分ける話し合いが必要。
　→面倒をみていない甥が、遺産を法定相続分（50ページ参照）で分けたいと主張
　　する可能性がある。
・生前贈与をしたり、死亡保険金で残したりするのか。

④ 頼れる身内がいない、相続人がいない場合

　頼れる身内がいない人は、次のページを参考に、準備しておく必要があります。

本人へ

"おひとりさま"が準備しておきたい契約

（1）必要に応じて準備しておきたい委任契約など

　頼れる身内がいない人は、将来、身体が不自由になってしまったり判断能力が低下してしまったり、また、亡くなったあとのことなど「自分では行えないことがらをどうするのか」を考えておく必要があります。

　本人が必要とする契約を、専門家（これらの受任業務を行っている弁護士、司法書士、行政書士など）へ早めに依頼しておくことで本人が困らずにすみます。

委任契約など			目　的
生前の支援	①	見守り契約	定期的な連絡や面談による見守りにより、健康状態や生活状況、判断能力の低下などを確認してもらう。
	②	任意代理契約	判断能力はあるが、身体が不自由になってしまったときなどに財産管理や見守りを行ってもらう。
	③	任意後見契約	判断能力が低下したときに財産管理や身上監護（生活・医療・介護などに関する契約や手続き）を行ってもらう。
	たいていは③に、①や②をプラスする形の契約になる。 ②は財産管理等委任契約ともいわれる。		
死後の支援	④	死後事務委任契約	死後の手続き（葬儀、納骨、遺品整理、他の諸手続きなど）を行ってもらう。
	⑤	公正証書遺言	遺産をどうするのかの指定をし、遺言どおり行ってもらう。
	④と⑤は同じ人に依頼するとよい。 ④のみの依頼の場合、依頼を受けない専門家もいる。		

　なお、これらの契約は法律行為のため、契約に記載されない行為（日常の世話に該当するもの）は支援の対象外です。どこまで関与してくれるのかについて確認をしたり、ある程度関与してくれる人を選んだりすることも大切です。

（2）契約書作成と契約書開始のタイミング

依頼する内容を専門家が契約書（案）にし、それを公証役場で公正証書にしてもらいます。両者が公証役場に出向いて契約します。

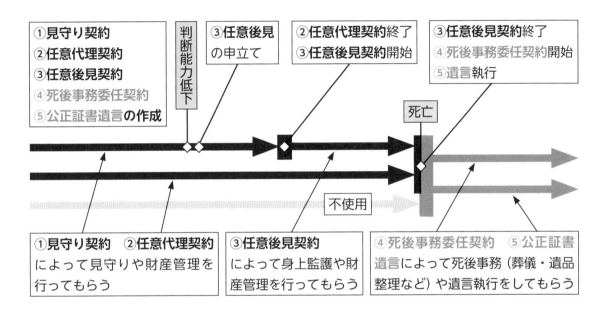

・契約書の作成時点でかかる費用は、専門家の契約書作成料と公証役場の手数料。

・実際に支援してもらったとき（契約が発効：スタートしたとき）から、依頼相手（専門家）への報酬が必要になる。

・契約内容によるが、たいてい①と②の契約は、依頼相手（専門家）に契約発効の意思表示をしなければ、契約はスタートしない。

・③の契約は、本人の判断能力が低下した場合に、依頼相手（専門家）が家庭裁判所に申立てをして発効させる。

・③の契約が発効されると、必ず「任意後見監督人」が選ばれ、その監督人への報酬も必要になる（家庭裁判所が決める）ため、依頼した相手と監督人の２人分の報酬が、本人が亡くなるまで必要になる。

・すべての契約をしていても、①②③の契約が発効しない場合もあり、④⑤のみが実行されるケースもある。

(3) 行政などのサービス、民間の見守りサービス、身元保証サービス

① 日常生活自立支援事業

・社会福祉協議会が行っている福祉サービスで、①福祉サービスの利用援助、②日常的金銭管理サービス、③書類などの預かりサービスがある。

・社会福祉協議会が支援必要と認めた場合で、契約能力がある人が利用できる（契約締結まで約2〜6カ月かかる）。

・利用料は、各市区町村の社会福祉協議会が定める設定基準によって異なるが、1時間1,000円など安価。

② 行政のサービス

・市区町村役場が配布している情報誌（市民便利帳のほか高齢者向けのガイドブックなどがある）に情報が掲載されている。

・独自のサービスのほか、医療や介護などに関する情報、地域で活動できるボランティアやサークルの情報などがわかる。

・活用できるよう本人と家族が目を通しておくとよい。

③ 民間の見守りサービス

・宅配業者やセキュリティー業者などの定期的な訪問や電話対応により、一人暮らしで不安な人の安否確認や体調確認、緊急駆け付けなどを行う見守りサービスがある。

・機械などを室内に設置してセンサーで動きを感知し、所定の連絡先にその情報が届いたりするサービスもある。

④ 身元保証等高齢者サポートサービス

・専門家では行わない身元保証を行っている事業所がある。

・前ページの5契約プラス身元保証サービスを行っている。

・契約発効しなくても月会費などがかかる。

・依頼者が一定額の金銭を預ける仕組みを取るため、その預り金の不正流用により利用者との間で裁判沙汰になったり経営破綻してしまったりするケースもある。利用する際には話をしっかり聞き、納得したうえで利用することが大事。

必要に
応じて
残したい

おひとりさま・おひとりさま予備軍の場合の

● 委任契約などの依頼情報 ●

生前・死後の支援の契約を専門家と結んでいても、支援が必要な状態だということに受任した人（契約で依頼された人）が気づかない場合があります。第三者が気づいたとき、その人が連絡できるようにしておきましょう。

●依頼した契約に☑（契約書は依頼者も保持しています）

依頼した契約	関係・依頼者名・連絡先	契約書保管場所
☐ ①見守り 契約	行政書士 山田花子 03-1234-5678 ○○県○○市△△ 1-2-3	テレビ台の引き出し
☐ ②任意代理 契約		
☐ ③任意後見 契約		
☐ ④死後事務 委任契約		
☐ ⑤公正証書 遺言		

●借家・賃貸先の大家（管理会社）の連絡先、鍵保有者の連絡先

　部屋を借りている家主や管理会社の連絡先のほか、自宅で倒れた場合に備え、鍵を保有している人の連絡先を書いておきます。ただし、ノートを確認できないと伝わらない情報のため、事前に緊急連絡をする人には伝えておきましょう。

大家（管理会社）、鍵保有者の名前・連絡先	場所
○○ホーム　03-1234-5678	○○市にある

本人・家族へ

相続で知っておきたいこと

（1）誰が相続人になるのか

相続人は法律で定められており、順位が決まっています。

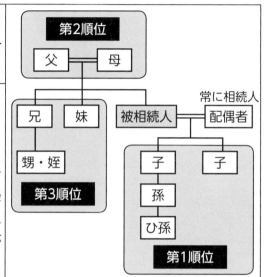

① 配偶者
被相続人（亡くなった人）の戸籍上の配偶者は、順位に関係なく相続人になります。
② 第1順位：子
子は、実子のほか養子縁組や認知した子も含みます。 被相続人より前に亡くなっている子に子（孫）がいる場合は、その孫が相続人（代襲相続人という）になり、子と孫が被相続人よりも前に亡くなっている場合は、ひ孫が再代襲相続人になります。

③ 第2順位：父母
第1順位がいない場合、相続人になります。父母がすでに亡くなっていて祖父母がいる場合は、祖父母が相続人になります。

④ 第3順位：きょうだい
第1順位と第2順位がいない場合、相続人になります。きょうだいが被相続人より前に亡くなっている場合は、そのきょうだいの子（甥や姪）が代襲相続人になります。子の場合と違い、甥や姪がすでに亡くなっていても、甥や姪の子は再代襲相続人になりません。

（2）法定相続分

法定相続分は、法律で定められている相続割合で相続税や遺留分（74ページ参照）の計算をするなどの際に利用されます。しかし、遺産を分ける際にはこの割合に関係なく、自由な割合で分けることができます。

法定相続人		法定相続分
配偶者と	子	配偶者：1/2 子：1/2
	父母	配偶者：2/3 父母：1/3
	きょうだい	配偶者：3/4 きょうだい：1/4

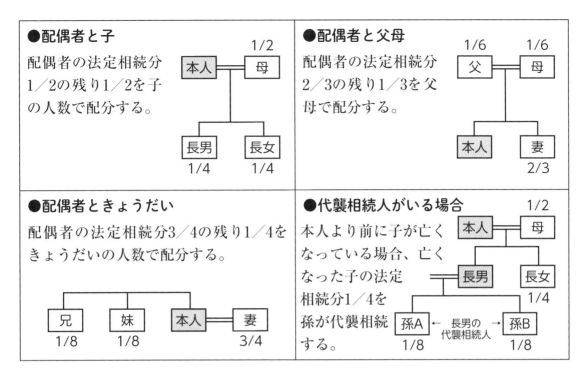

(3) 相続放棄と権利の移動

- 相続放棄は、プラスの財産もマイナスの財産も相続しないことをいい、農地だけ放棄したいなど都合のいい放棄はできない。

- 相続放棄は、自己のために相続の開始があったことを知ったときから3カ月以内に（相続開始の日ではない）、被相続人の居住地域を管轄する家庭裁判所へ申立て（申述）が必要。

- 自己の意思のみで相続放棄できる。

- 3カ月では足りない場合は、その期間内に伸長の申立てをすることで、相続放棄の期間を延ばしてもらえる（必ずではない）。

- 相続放棄の期限を過ぎたり、遺産の一部や全部を処分したりすると、相続を承認したことになり相続放棄できなくなる。

- 相続放棄が認められたら、原則取り消しはできない。

- 相続放棄は、「家庭裁判所で行う相続放棄」をいい、単なる遺産をもらわない「0円相続」は相続放棄ではない。

- 相続放棄をしても、死亡保険金は受け取れる。

- 相続放棄をすると、他の相続人に相続権が移動する。たとえば、母に全財産を渡そうと子全員が相続放棄をすると、第2順位の父母や第3順位のきょうだいが相続人になってしまう（母に全財産渡すなら子が遺産をもらわない0円相続すればよい）。

51

相続人の確定、戸籍謄本などの取得方法

相続人を確定するには、被相続人（亡くなった人）の出生時から死亡時までのすべての戸籍謄本と相続人全員の戸籍謄本が必要です。

本人が亡くなったあと、これらの書類が必要になるため、事前に「誰が相続人になるのか」と「本籍地はどこなのか」がわかると、とても助かります。

（1）子が相続人の場合

たとえば、右図の場合を見てみましょう。

一般的には、被相続人（父）の死亡時の本籍地C市からさかのぼって出生地A市まで取得していきます（下表参照）。もし、現在の本籍地がわからない場合は、本籍地入りの住民票を取得すればわかります。

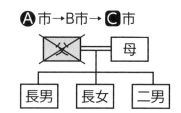

Ⓐ市→B市→Ⓒ市

🔳は死亡時の本籍地
⬤は出生時の本籍地

	本籍地	必要書類	取得のしかた
被相続人	死亡時 （C市）	戸籍謄本（除籍謄本や改製原戸籍謄本なども含む）一式を取得。	「相続で使用するためこの市（区）にある戸籍謄本などすべて必要」と伝えて取得。 郵送取得の場合、請求理由書や定額小為替（郵便局で購入。手数料1枚100円）、返信用封筒、身分証明書のコピーを同封。 ※くわしくは市区町村役場のホームページなど参照のこと
	1つ前 （B市）	C市の戸籍謄本から、1つ前がB市とわかるため、C市と同様に取得。	
	2つ前 （A市）	B市と同様に取得。C市やB市の戸籍謄本で出生地がA市とわかる。	
相続人	現在の本籍地	相続人（長男・長女・二男）の戸籍謄本を取得。母の分は、父の戸籍謄本で確認できるため不要。	本籍地で取得。相続人本人が取得できない場合は、ほかの相続人などが代理取得できる。関係を確認できる戸籍や正当な理由（相続手続きで必要など）が必要になる。

（2）きょうだいが相続人の場合

　子と父母・祖父母がおらず、きょうだいが相続人の場合は、戸籍謄本の取得がとても大変です。

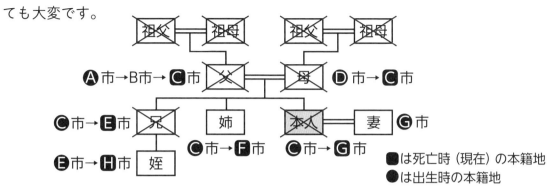

は死亡時（現在）の本籍地
は出生時の本籍地

必要な人	取得するもの	わかること
①被相続人 （本人）	死亡時の本籍地G市、1つ前のC市（出生地）で戸籍謄本など一式を取得。	相続権第1順位の子がいないとわかる。
②故父と故母	父と母が亡くなっているとわかる戸籍謄本（C市）を取得（①でわかれば不要）。	相続権第2順位の両親の死亡が確認できる。
③父方、母方それぞれの故祖父と故祖母	祖父母が存命の場合は、父母の代わりに祖父母が相続人になるため、父方と母方それぞれの祖父母が亡くなっているとわかる戸籍謄本を取得。	祖父母の死亡が確認できる。
④故父と故母 （本人のきょうだいの確定）	相続権第3順位の相続人を確定させるために、父（B市A市。C市は②で取得ずみ）と母（D市。C市は父の戸籍で確認できる）それぞれの出生時から死亡時までの戸籍謄本など一式を取得。	本人のきょうだいが兄と姉とわかる。兄は故人とわかる。
⑤故兄	④で兄が亡くなっているとわかるため、兄の子が代襲相続人になる。兄の子を確定させるため、兄の出生時から死亡時までの戸籍謄本など一式を取得。	兄の子が姪1人と確定できる。
⑥妻姉と姪 （相続人）	④⑤で確定した相続人の姉（F市）と姪（H市）それぞれの戸籍謄本を取得。妻は①で確認できるため不要。	相続人の本籍地がわかる。

残して
おきたい

記入日：　　年　月　日

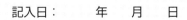
● 本籍地情報と相続関係図・相続人情報 ●

● **本籍地情報**（相続人確定の際に役立つためわかる範囲で書いておきます）

出生地	○○県○○市	両親の名前	父
			母

現在→過去	本籍地住所（〒不要）	筆頭者名

● **相続関係図**（本人を中心とした関係図を書いておきましょう）

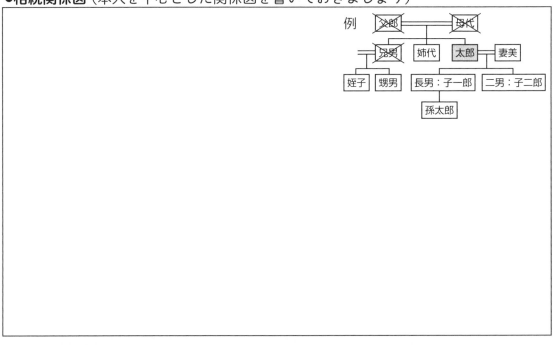

54

●相続人・親族の情報

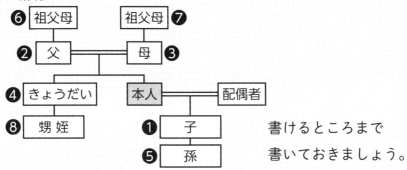

書けるところまで
書いておきましょう。

No	続柄	氏名	生・死	生年月日
	配偶者		生・死	
❶-1	長男　など		生・死	
			生・死	
			生・死	
			生・死	
			生・死	
			生・死	
			生・死	
			生・死	
			生・死	
			生・死	
			生・死	
			生・死	
			生・死	
			生・死	

残して
おきたい

預貯金口座・口座引き落とし・ 借入金・その他の資産

通帳を記帳しても、年1回の会費や数カ月に1回の定期的な引き落としは
気づきにくいため、わかるようにしておきましょう。

本人の死後に引き落とされたとしても、返金されないケースがあります。

返金されるとしても手続きが面倒なため、早めに退会・解約手続きができ
ると無駄に費用を支払わなくてすみます。

借入金や保証人などの情報を知られたくない場合は、相続時にわかるよう
にしておけば大丈夫です。

　引き落とし情報を書くのが大変な場合は、どの口座から引き落とされているのかわ
かるように袋分けし、その書類やメモを特定の場所にまとめておく方法もあります。

●預貯金（普通、定期、外貨など）、引き落とし情報　　　カ：キャッシュカード、庫：貸金庫

金融機関・支店名 カード／貸金庫	口座の種類 口座番号	利用目的、引き落とし情報、 出資金、WEB用IDなど ※会費などの情報は別ページにて
AA信用金庫　BB支店	☑普通　□定期 □	メイン口座、年金受取り。公共料金、Cカード、Yスポーツクラブ会費、出資金2万円あり
カ：⦿有・無／庫：⦿有・無	No. 0056789	ID：0012345
①	□普通　□定期 □	
カ：有・無／庫：有・無	No.	ID：
②	□普通　□定期 □	
カ：有・無／庫：有・無	No.	ID：
③	□普通　□定期 □	
カ：有・無／庫：有・無	No.	ID：

次のページへ続きます

●預貯金 (普通、定期、外貨など)、引き落とし情報 カ：キャッシュカード、庫：貸金庫

金融機関・支店名 / カード／貸金庫	口座の種類 / 口座番号	利用目的、引き落とし情報、出資金、WEB用IDなど ※会費などの情報は別ページにて
④ カ：有・無 ／ 庫：有・無	□普通　　□定期 □ No.	 ID：
⑤ カ：有・無 ／ 庫：有・無	□普通　　□定期 □ No.	 ID：
⑥ カ：有・無 ／ 庫：有・無	□普通　　□定期 □ No.	 ID：

●借入金・ローン、借金の保証人、貸しているお金など

※書きにくい場合は、書類の保管場所のみを書く、その事実をわかるように信頼できる家族などに伝えておくなどしておきましょう (相続時の必須情報のため)。

相手先・連絡先	備考
□借入・□保証・□貸金	
□借入・□保証・□貸金	
メモ： (例) これらがある場合は、相続時にわかるようにしてある	

●その他の金融資産 (純金積立、ゴルフ会員権、勤務先の持株会など)

名称・銘柄・内容	取扱会社	備考
プラチナ積立	G商事	

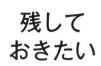

残して
おきたい

● 有価証券 ●

有価証券情報など家族が把握しにくい情報は、わかるようにしておきましょう。取引残高報告書などでわかる場合は、保管先をわかるようにしておけば大丈夫です。

●**債券**（国債・社債・公社債など）**、株式、投資信託などの有価証券**
有価証券を相続する人は、同じ証券会社に口座を開設したのち解約するなどの手続きをするため、どこに口座があるのかわかると早めに対処できます。

金融機関・取引店 口座番号	種類 WEB用ID	銘柄・名称（参考）
CC証券　DD支店	□債券　☑株式　☑投信　□	E自動車、F電器ほか株３銘柄 先進国不動産投信ほか２種類
No. 0023456	ID：3344556	
	□債券　□株式　□投信　□	
No.	ID：	
	□債券　□株式　□投信　□	
No.	ID：	
	□債券　□株式　□投信　□	
No.	ID：	
	□債券　□株式　□投信　□	
No.	ID：	
	□債券　□株式　□投信　□	
No.	ID：	
	□債券　□株式　□投信　□	
No.	ID：	

残して
おきたい

● 解約・退会情報・カード情報 ●

紛失、解約、退会などのために保有しているカード類は
わかるようにしておきます。

●解約・退会などが必要な情報
（ネット上での取引以外のもの）所属している会、定期購入など

名称・連絡先	会費・支払日	目的・理由・その他
Nの会Nサプリ 03-1122-3344	3カ月ごと定期購入。 2月から購入。6,000円	1カ月前までに解約の連絡が必要

●クレジットカード情報 （紛失時にも連絡できるようにしておきましょう）

名称・連絡先	会費・支払日	目的・理由・その他
Aカード（JCB）下4桁 9876 0120-666-555	年会費11,000円。 2月にU銀行より引落し	メインで利用しているカード モバイル○○のオートチャージで利用

デジタル遺品（資産）情報の扱い

（1）資産や負債に気づかないこともある

・故人が利用していたパソコンやスマートフォン内の情報を把握しなければ、ポイントやマイル、ネットやアプリでしかわからない金融機関情報や明細、電子マネー、暗号（仮想）通貨など、気づかないことがある。

・IDやパスワードがわからずにロック解除ができない、解除できても取引している先がわからない、取引している先がわかってもIDやパスワードがわからないなどで大変な思いをしてしまう（契約先に問い合わせをしても情報を教えてくれない）。

（2）見られては困る情報の保存方法と削除場所

　解約などの手続きが必要ない情報に限ります。

・USBメモリー、メモリーカード、外付けハードディスクなどへ保存する。

・信頼できる人に処分してもらうよう託しておく。

　次の場所から、内容がわかってしまうことがあります。

・自動バックアップや一時ファイル。

・ウェブブラウザのブックマークや閲覧履歴。

・メールの添付ファイル。

・情報端末機器と同期しているクラウドサービス（インターネット上への同時保管）。

　業者と契約をし、データ削除のサービスを利用する場合には、注意点があります。

・入院などをしているあいだにパソコンやスマートフォンなどに触れることができず、必要なデータが消去されてしまう場合がある（一定期間利用がないとき消去される場合）。

・すべて消去されてしまうと家族にとって手がかりがなくなってしまい、困る事態になりかねない。

・本人、家族ともに困らないか考えたうえで利用する。

（3）ロック解除できない場合は、業者に解除してもらうことになる

　パソコンやスマートフォンのパスワードなどを数回間違えると、セキュリティーが強化されたり、データ自体の消去がなされたりすることがあります。その場合は、専門業者に依頼して解除してもらわなければなりません。パソコン内の必要な情報などがわからなくて家族が困らないよう、ロック解除ができるようにしておきましょう。

（4）相続・引継ぎができるデジタル資産など

　事前にわかれば引き継げるデジタル資産もあります。

デジタル資産	備考
マイレージ	死亡後6カ月以内など期限がある会社もある。ただしマイル有効期限内に限る。
ポイント	原則として相続不可。 家族カード間なら移行可能なサイトもある。
暗号資産 （仮想通貨）	利用している暗号資産取引所や暗号資産を取引するための「ウォレット」に格納されているアドレスや秘密鍵などの情報がわからないと、保有者の証明ができないため回収不能になる。
電子マネー （○○ペイ、 モバイル○○）	個別相談がほとんど。残金の返金に応じてくれるケースが多い。長期間利用がない場合は失効する場合もある。
SNS （LINE、 Facebook、 Twitterなど）	事前に第三者を管理者として指定できたり、申請によりアカウントの変更や削除依頼ができたりなど、対応はそれぞれ異なる。

（5）パスワードの残し方

　IDとパスワードをセットで残すべきではないため、パスワードは別の紙に書いて、その保管場所などの情報を信頼できる誰かに伝えておきましょう。

記入日：　　年　　月　　日

残して
おきたい

● デジタル資産情報（ネット取引情報）●

インターネット関連の取引情報は、パソコンで作成して貼り付けておくか、
保管場所をわかるようにしておきましょう。

●契約情報、伝えておきたい情報
（本人亡きあと、通信契約はすぐに解約しないほうが情報確認しやすい）

インターネット回線 契約先	A社
スマートフォンの契約先	B社
返却が必要な機器類	B社からレンタルしているWiFiルーターあり
その他	

（例）インターネットの利用先一覧、契約先など

「パスワード」とタイトルは書かず、下図の一覧表のヒントと照合できる
よう別の紙に書いておきます。保管場所は、信用できる
人に伝えておきます。

```
6ab3n23c
hoin7in7
8sanu991
9753yuip
```

利用先	URL (https:wwwのあと)	アカウントやID	パスワード （ヒント）	備考
O銀行	obank.co.jp	5678	6***n***	メインの口座として利用WEBパスワードなどは別途記載
Pブログ	pblog.jp	lmno	h***7***	死亡したらその旨を載せてほしい
Qクラウド	qmail.com	33@qmail.com	8***u***	デスクトップのアイコンから確認できる。データコピー後に要削除
Rクレジット	rcard.co.jp	abc@kkk.co.jp	9***y***	WEB明細が確認できる O銀行から毎月30日に引き落とし
Sショップ	ssyop.com	abc@kkk.co.jp	9***y***	よく購入するサイト 貯まったポイントがある
Tサプリ	tsapuri.com	abc@kkk.co.jp	9***y***	2カ月ごと発送の定期購入あり 要解約。Rクレジットで決済

● インターネットの利用先一覧、契約先など

パソコンで作成し、貼り付けておくか、保管場所をわかるようにしておくのでも
OK。パスワードはヒントのみにし、別紙と照合できるようにしておきます。

	利用先	URL (https:wwwのあと)	アカウントやID	パスワード （ヒント）	備考
①					
②					
③					
④					
⑤					
⑥					
⑦					
⑧					
⑨					
⑩					
⑪					
⑫					

本人・
家族へ

保険の手続き、遺産から葬儀費用などを払う際の注意

(1) 保険金・給付金の請求

・死亡保険金や入院給付金などは請求しないともらえないため、請求もれしないようわかるようにしておく。

・死亡保険金の受取人が指定されている場合、その保険金は受取人個人の財産となり、相続財産にはならない（相続税の計算上は相続財産とみなされる）。

・葬儀費用として受取人に支払ってもらう予定なら、その旨を伝えておかなければ利用されない可能性がある。

・「なぜその人だけ死亡保険金を受け取れるのか」でもめてしまう場合もあるため、加入している死亡保険の受取人をなぜその人にしたのか、理由を明確にし、受取人にも伝えておくことが大切。

(2) 保険の失効

・保険料の引き落としが2カ月されないと、保険が自動的に解約（失効）されてしまう（その後「復活」できる場合があるため、保険会社に確認してみるとよい）。

・入金できない場合に備え、保険料引き落とし口座に入金してもらえるようわかるようにしておくか、年金受給口座からの引き落としに変更するなどしておく。

(3) 本人が亡くなった後にかかる費用は遺産から差し引けない

・本人が亡くなった後にかかる費用は、支払った人の自己負担になる。

・本人が亡くなった時点で、本人の遺産は相続人全員の共有財産になる。

・たとえば、本人の遺産が1000万円の場合、1000万円を相続人で分けるルールのため、かかった葬儀費用200万円を勝手に差し引けるわけではない。

・相続人全員の合意があれば、葬儀費用を差し引くことができる（つまり、葬儀費用を遺産から差し引きたい場合には、相続人全員の合意が必要になる）。

・本人が遺産から支払ってほしいと思っているなら、事前にその旨を家族全員に伝えておく必要がある（結果的に遺産から差し引いた残りの財産を分ける形にしておく）。

・家族が立て替えで支払う場合は、相続人全員の合意を得たのち支払うようにする（自己負担にならないように）。

 ●保険・確定拠出年金の情報 ●

●生命保険、損害保険、確定拠出年金など（請求が必要なもの）

書くのが大変な場合は、保管場所や加入目的がわかるようにしておきましょう。

保険会社 連絡先	保険証券番号 保険商品名・種類	証券の保管場所	受取人・加入目的 備考
ＡＡ生命 ０３−１２３４−５６７８	Ｎ１２３４５６ 終身保険	タンスの引出し	受取人は喪主予定のＹ男 葬儀費用として加入
ＢＢ損保 ０３−９８７６−５４３２	Ｎ１２３４５６ 住宅総合保険	同上	自宅の保険。個人賠償責 任保険と地震保険も加入

（書くのが大変なら）

　　保険情報はタンスの引出しに保管。理由は証券にフセンでわかるようにしてある

不動産・外部契約情報

（1）不動産登記情報の取得ができるようにしておく

　相続手続きをする際には、不動産がある法務局で「不動産登記情報（不動産全部事項証明書）」を取得します。土地と建物それぞれの所有者、持ち分、抵当権などの確認が必要だからです。

　その書類がスムーズに取得できるよう、所有している不動産の住所をわかるようにしておきましょう。

（2）家族が気づかない情報を残しておく

　自宅、貸しているマンションなど、家族が知っている情報はあえて詳細を残さなくてもわかりますが、家族がわからない不動産は、住所や使用目的をわかるようにしておきます。

　たいていは固定資産税の納税通知書を見れば、どこにどのような不動産を所有しているのかわかります。しかし、固定資産税がかからない不動産は、わかるようにしておかないと家族が把握できない場合があります。

（3）外部契約している情報もわかるようにしておく

　借りている駐車場、レンタル倉庫、レンタル菜園など自宅の敷地以外の場所にあるものは、家族が気づきにくかったり、相続手続きの際にうっかり忘れてしまったりしがちです。

　場所、契約書保管先などは、わかるようにしておきましょう。

誰かがその場所や情報を知っていれば、詳細を書かなくても大丈夫です

残して
おきたい

 ● **不動産・外部契約の情報** ●

● **所有不動産、賃貸借契約**（権利証など重要書類の保管場所は書かない）

用途	住所・所在地・賃貸借物件の場所 賃貸などの相手先・連絡先、備考	契約書の保管場所
自宅	土地と建物。納戸と私道もある。	
月極駐車場	自宅前の駐車場。 隣のYさんから月5,000円で借りている。	
未使用の土地	D島に所有。建物なし。放置している状態。	
貸家	G市H町2-2-2。2010年から貸している。 J管理会社に管理を委託。03-1234-5678。	契約書類は タンスの引出し
賃貸マンション	○○不動産で2020年3月から借りている。 2年更新。エアコンは備え付け。	
レンタル倉庫	N駅前のFレンタル倉庫。 納戸として普段使わない物がしまってある。	

必要に
応じて
残したい

 ● 遺言書について ●

遺言書の有無は、相続手続きを行う際にはっきりさせる必要があります。
次の理由からです。
・有無によって相続手続きの流れが異なる。
・後日遺言書が見つかると、遺産分割のやり直しが必要になる場合がある。
しかし、遺言書の有無をエンディングノートに残すのがよいか否かは家族
関係によりけりです。信頼できる人に情報を伝えるのか、ノートに残すの
か、よく考えたうえで判断しましょう。

●遺言書の有無　有無を明確にすることがマイナスになる場合もあります。あえて
ここに残さず、信頼できる人に伝えるのも一案です。

遺言書の有無	□ある　□ない
作成した遺言書	□自筆証書遺言　　□公正証書遺言　　　□

●遺言書の保管場所　保管場所を残すことで、遺言内容が家族に伝わることもあり
ます。書き残す場合は、その旨わかったうえで残しましょう。

遺言書保管場所	

●遺言執行者（第三者が遺言執行者の場合）　遺言執行者がいるけれど、あえて遺言
書の有無を明確にしない場合は遺言執
行者が訃報を知るよう、訃報連絡先に
書いておきましょう。

遺言執行者	（名前・関係・連絡先）

本人へ

遺言書の基礎知識

（1）遺言書の種類

　一般的に利用される遺言書は、「自筆証書遺言」と「公正証書遺言」です。

　自筆証書遺言のデメリットは公正証書遺言のメリットというように、どちらも相反するものです。どちらにしても、相続人が困らないような遺言書にしておく必要があります。

種類	メリット／デメリット
自筆証書遺言	・自分で作成できる。 ・費用がかからない。
自筆証書遺言	・全文自筆※1する（作成年月日、署名、押印必要）。 （夫婦連名、ワープロ、代筆、録音・録画、スタンプ印などは無効になる） ・有効、無効争いの可能性がある。 ・無効、紛失・隠匿、偽造のおそれがある。 ・内容に不備（あいまいな書き方、書き漏れ財産の対策ができていないなど）があり遺言執行できない可能性がある。 ・遺言執行者（遺言どおりに手続きする人）の指定がない場合、遺言者の死後、家庭裁判所で選んでもらわなければならないこともある。 ・法務局に遺言書の保管をしなかった場合は、遺言者の死後、家庭裁判所で検認※2が必要になる（遺言書を開封しないよう注意）。
公正証書遺言	・公証人の前で遺言内容を口述するため本人の意思が明確。 ・紛失、偽造のおそれがない（原本が公証役場で保管される）。 ・検認が不要。
公正証書遺言	・公証役場で作成が必要（出向けない場合は、公証人が施設などへ出張してくれる）。 ・費用がかかる（出張の場合は1.5倍の費用や交通費、日当が必要）。 ・証人2名以上（利害関係人以外の立会人）が必要。

※1 財産目録のみパソコンでの作成、通帳コピーや登記事項証明書の添付などでも可能。1枚ごとに署名押印が必要。

※2 検認は、遺言書の偽造・変造を防止するための手続き。遺言者の死後、家庭裁判所に、検認の申立てをする（遺言者の出生時から死亡時までのすべての戸籍謄本と相続人全員の戸籍謄本が必要）。検認日当日、遺言書を持参しなければならない（封印してある遺言書は開封しないまま持参）。

（2）相続手続きで困らないのは公正証書遺言

　公正証書遺言は、遺言者がみずから必要書類をそろえ、公証人の前で遺言内容を口述して作成してもらう方法と、遺言書作成業務を行っている専門家に、戸籍謄本など必要書類の取得や対策を含めた遺言案を考えてもらい、公証役場で作成する方法があります。

　費用はかかりますが、少し複雑な遺言内容や、遺言執行を専門家に依頼したい場合には、公正証書遺言にしたほうが家族が困らずにすみます。

（3）自筆証書遺言の法改正、その他の注意点

　民法が改正され、自筆証書遺言に関する変更点があります。

① 財産目録部分は自筆でなくてもよい

・財産目録（財産の一覧表）については、パソコンでの作成のほか、通帳のコピーや登記事項証明書の添付などでも可能。
・１枚ごとに署名押印が必要。
・「別紙財産目録Ａを妻に相続させる」などとした遺言書の作成ができる。
・「財産目録」以外は、今までどおり手書きで作成しなければならない。

② 作成した自筆証書遺言を法務局で保管してもらえる

・遺言者が住んでいる住所地（もしくは本籍地、所有する不動産の所在地でもよい）を管轄する法務局に自筆証書遺言を持参する。
・遺言者自身が直接法務局へ出向かなければならない。
・遺言書の要件（自筆・日付・署名・押印）確認はされるため、無効にはならない（内容の不備などで相続手続きができない場合はある）。
・保管してもらっても、遺言者なら閲覧や返還請求ができ、遺言書の再作成もできる。
・保管依頼をした場合は、検認（遺言書の偽造・変造防止手続き）が不要になる。
・遺言者死亡後に、遺言書が保管されているか法務局で検索ができる。
・遺言書保管の検索をすると、相続人全員に通知がいく。
・費用（保管：3,900円、閲覧：1,400円〜1,700円など）がかかる。

③ 法務局で保管してもらわない場合

　法務局に出向けない、あえて保管してもらわないなど諸事情により法務局に自筆証書遺言を預けない場合には、次の事項に注意が必要です。

・法務局に預けない場合は「検認」が必要になるため、検認で必要な書類がすぐに取得できるように情報を残しておく。

　→（69ページの遺言書の種類の※2参照）。

・封印してある遺言書を検認前に開封してしまい、無効と勘違いして処分されないようにしておく。

　→開封したからといって無効になるわけではない

　（5万円以下の過料がかかる可能性があるだけ）。

　→封印する場合は、封筒の裏に右図のような注意書きを残す。

・金融機関の貸金庫へ保管しない。

　→一般的には契約者本人以外は貸金庫の開扉ができないため、相続人全員の合意と立ち合いが必要になる。

（4）遺言書があるとよいケース

　遺言書は、自分の意思を単に形にするだけではなく、スムーズに進まない相続手続きを円滑に行うためのものでもあります。

・配偶者や子などへ遺す財産の割合を指定したい。

・相続人以外の人に財産を渡したい。

・ひとり親で未成年の子がいるため、未成年者後見人を指定しておきたい。

・再婚をしていて先妻と後妻に子がいる。

・相続人がいない、子がいない。

・判断能力のない人が相続人になる。

・居所不明、交流がない人が相続人になる。

・国外に居住している人が相続人になる。

・相続人や財産の数が多い、土地ばかりで現金がほぼない。

・個人事業や農業経営など事業を承継させたい。

(5) 遺言書サンプル

遺言書

第1条　遺言者・山田太郎は、遺言者の有する次の不動産を、
　　　　妻・山田花子（昭和○年○月○日生）に<u>相続させる</u>。❶

・○県○市○町○丁目○番○号の<u>土地</u>と<u>建物</u>　❷

第2条　遺言者は、遺言者が有する次の財産を、遺言者の妻・山田
　　　　花子及び長男・山田一郎（昭和○年○月○日生）
　　　　に2分の1ずつ相続させる。

　　1.　A銀行B支店の<u>預金</u>の全部

　　2.　C銀行の<u>貯金</u>の全部　❸

第3条　遺言者は、D証券E支店の株式を長男の妻・山田和美
　　　　（昭和○年○月○日生）に<u>遺贈</u>する。❹

> 遺言者との関係・名前・生年月日を書く

> ゆうちょ銀行、農協（JA）、漁協（JF）は貯金

> 土地と建物は別々の不動産のため、わかるようにしておく

> 相続人以外の場合は「遺贈」と書く

このように書くとなおよい（登記事項証明書を見ながら）

(1) 土地　所在　○県○市○町○丁目
　　　　　地番　○番○号
　　　　　地目　宅地
　　　　　地積　200.00平方メートル
(2) 建物　所在　○県○市○町○丁目
　　　　　家屋番号　○番○号
　　　　　種類　居宅
　　　　　構造　木造瓦葺2階建
　　　　　床面積　1階　50.00平方メートル
　　　　　床面積　2階　50.00平方メートル

第4条　遺言者は、第1条及び第2条に記載のない、不動産、現金、預貯金、有価証券、家具家財<u>その他一切の財産を</u>、妻・山田花子に相続させる。❺

第5条　妻・山田花子が、<u>遺言者の死亡以前に死亡（同時死亡を含む）</u>した場合には、妻へ相続させる財産を、長男・山田一郎に相続させる。❻

第6条　遺言者は、この<u>遺言者の執行者</u>として、長男・山田一郎を<u>指定する</u>　❼

<u>令和○年○月○日</u>
○県○市○町○丁目○番○号
遺言者　<u>山田太郎</u>　㊞　❽

全文手書きで書くこと

（6）遺言書作成の際には「遺留分」に配慮

　遺留分とは、遺言によっても侵害することのできない、相続人が最低限保証されている相続財産の割合です。

① 法定相続分と遺留分の割合

法定相続人		法定相続分	遺留分
配偶者のみ		1	1/2
子のみ		1	1/2
父母のみ		1	1/3
きょうだいのみ		1	なし
配偶者と	子	配偶者：1/2	配偶者：1/4
		子：1/2	子：1/4
	父母	配偶者：2/3	配偶者：1/3
		父母：1/3	父母：1/6
	きょうだい	配偶者：3/4	配偶者：1/2
		きょうだい：1/4	きょうだい：なし

② 遺留分の注意点

・遺留分を主張（遺留分侵害額請求）するか否かは、遺留分を侵害されている本人
　（もっともらう権利があると主張できる人）次第。
　→必ず請求されるとは限らない。
・法改正により、今後は遺留分を「金銭」で支払わなければならなくなった。
　→遺留分の請求をされる人（多く遺産をもらう人）自身の財産を充てたり不動産を
　　売却などしたりしてでも支払わなければならない。
　→支払えない場合、家庭裁判所に申立てをして認められれば、一定期間の支払期
　　限の猶予を受けられる。
・遺言者は、遺留分相当額の金銭についてどうするのか考え、必要に応じて対策を
　しておく。
　→死亡保険金の受取人を請求される人に変更するなど、何かしら行っておく。

家族へ

相続手続きの大まかな流れ、行う手続き

（1）相続手続きの大まかな流れ、行う手続き

死 亡	
7日以内	死亡届の提出（葬儀社が代行することが多い）
14日以内	国民健康保険・国民年金関係の手続き（社会保険は10日以内）
	・相続人の確定（被相続人の出生から死亡までの戸籍謄本などの取得）(52ページ) ・財産の調査（借入金・未払金などを含む）、財産目録の作成 ・遺言書の有無の確認（68ページ） 　a.遺言書がない場合、相続人全員で遺産分割協議（81ページ）、遺産分割へ 　b.自筆証書遺言の場合、家庭裁判所へ検認手続き※1、遺言執行へ 　c.公正証書遺言の場合、遺言執行へ ・法定相続情報証明図の作成、法務局へ申出（行う場合）（78ページ）
3カ月以内	相続の放棄（する場合は家庭裁判所へ）（51ページ）
4カ月以内	準確定申告（必要な場合）（77ページ）
	・納税資金の検討、準備 ・相続税の申告書作成（特例※2、※3を利用するときも申告が必要）
10カ月以内	相続税申告と納税（必要な場合。原則現金一括納付）
その他必要に応じて	6カ月以内：「特別寄与料の請求」（80ページ）、1年以内：「遺留分侵害額請求」、葬祭（埋葬）費、高額療養費、未支給年金、死亡保険金などの請求（76ページ）

※1 法務局に遺言書を預けていない場合
※2 小規模宅地等の特例（自宅等が8割減評価などになる特例）（77ページ）
※3 配偶者の税額軽減の特例（1億6,000万円または法定相続分の大きい額まで非課税になる特例）

手続きすべき財産	手続きを行う関係機関	
不動産（土地・建物）	不動産の所在地を管轄する法務局	
預貯金	口座のある金融機関の支店など	
証券	預託している証券会社もしくは信託銀行など	
保険	契約している保険会社	
自動車	管轄の運輸支局または検査登録事務所	
年金	所在地を管轄する年金事務所	※所在地は被相続人（亡くなった人）の住所地
準確定申告、相続税申告	所在地を所轄する税務署	
後見人の選任、相続放棄、自筆証書遺言の検認、遺言執行者の選任など	所在地を管轄する家庭裁判所	

死亡後すぐ・早めに行うこと

　手続き先によって、必要な書類があります。二度手間にならないよう、行う前に問い合わせ、確認をしたうえで準備・手続きしましょう。

・電気・ガス・水道・電話・NHKなどの名義変更と引き落とし口座の変更
・郵便物の停止・転送（必要な場合）
・世帯主変更届（あえて世帯主を変更したい場合）
・姻族関係終了届（亡くなった配偶者の親族との関係を法律的に終了させたいとき。ただし、子と親族との関係は終了しない）
・復氏届（旧姓に戻したい場合）
・健康保険証の返却・世帯主書き換えの変更、介護保険証、印鑑登録証、住民基本台帳カードなどの返却
・固定資産税、住民税などの支払い変更
・各種会員証や身分証明書などの解約・返却
・年会費など銀行口座引き落としになっているものの解約
・祭祀承継者の変更（必要な場合）

申請・請求すればもらえるお金・戻ってくるお金

必要な手続き	内容	時効	備考・注意点など
葬祭費	葬儀代を支払った人がもらえるお金。	2年	健康保険証を返却するときに手続きする。
高額療養費・高額介護サービス費	医療費や介護サービス費を一定額以上払った場合に戻ってくるお金。	2年	健康保険証や介護保険証を返却するときに手続きする。
未支給年金	まだ支給されていない年金がもらえる。	5年	生計を同じくしている人しかもらえない。
遺族厚生年金	厚生年金受給者（故人）に生計維持されていた人が受け取れる。		
入院給付金	入院給付金などを故人がもらっていない場合にもらえるお金。	3年	相続財産になるため、相続手続きが必要。
死亡保険金	受取人に指定されている人がもらえるお金。	3年	受取人が「相続人」の場合は必要書類が増える。

（2）準確定申告が必要な人

・「亡くなった年の1月1日から亡くなった日までの所得」が対象。
・不動産収入や貸付金の利子収入を受け取っていた場合。
・公的年金などの収入が400万円を超える場合。
・給与や退職所得以外の所得が合計で20万円以上あった場合。
・個人事業（自営）を行っていた人　など。

（3）相続税がかかる人、特例利用の注意点

・相続税は、一定の財産を超えた分がかかる。
　「基礎控除：3000万円＋（600万円×法定相続人の数）」
・小規模宅地等の特例（自宅330㎡までは8割減の評価。(4)参照）や、配偶者の税額軽減の特例（1億6,000万円もしくは法定相続分の大きい額まで非課税）などを利用することで相続税がかからない場合もある。
・特例を利用する場合は、10カ月以内に遺産分割が決まっており、協議書が作成されていることと期限内に申告することが必要）。
・相続開始前3年以内の贈与財産は、持ち戻しされる（贈与していないものとして財産に加える）。
・期限までに遺産分割と申告ができない場合は、法定相続分で分けたものとして計算され、納税することになる（遺産分割が決まったあとに、再度申告をすることができる）。

（4）小規模宅地等の特例

・家などの敷地（土地）を一定面積まで減額評価できる（右図参照）

居住要件・所有要件

宅地区分	適用面積	減額割合
居住用	330㎡	80%
個人事業用	400㎡	80%
同族会社事業用	400㎡	80%
不動産貸付用	200㎡	50%

・配偶者が敷地を取得 → 無条件で適用
・同居親族が取得 → 申告期限まで居住（譲渡したらダメ）
・配偶者・同居親族がいない場合 → 相続開始3年以内に亡くなった人の家に住んだことがないこと、取得する人または取得する人の配偶者が所有する家に住んだことがないこと（つまり、取得する人とその配偶者が家を持っているとダメ）、申告期限まで所有していること

家族へ

相続開始後に取得しておきたい「法定相続情報証明」

（1）戸籍謄本の束を1枚の紙で代用

　本人が亡くなったら、相続手続きをする前に取得しておきたいのが、「法定相続情報証明」です。

　金融機関などで相続手続きをする際には、「戸籍謄本の束（被相続人の出生時から死亡時までのすべての戸籍謄本と相続人全員の戸籍謄本など）」が必要になります。手続きで足りなくなったら、再度取得しなければなりません。

　しかし、法定相続情報証明制度を利用すれば、右図の「法定相続情報証明図」1枚で代用でき、再取得も容易です。

　この制度を利用するには、「戸籍謄本の束」を準備します。住所も記載する場合には、住民票も必要です。それを申出人（図を作成し申出する人）が右図のように一覧図にし、被相続人の住所地や本籍地、不動産の所在地のほか、申出人の住所地を管轄する法務局へ必要書類とともに持参します（郵送も可）。

　法務局が、持参した書類と図を照合し、相続人の確定ができたらこの図に認証をしてくれます。その書類は何枚でも無料で取得できますので、少し多めに取得しておきます。足りない場合は、法務局で再取得できます（申出人のみ）。

　なお、申出人が手続きできない場合には、親族のほか、弁護士、司法書士、税理士、行政書士などに依頼ができます。

（2）必要書類

・申出書
・被相続人の戸籍謄本と除籍謄本
・被相続人の住民票の除票（住所をのせる場合）
・相続人全員の戸籍謄本または戸籍抄本
・相続人全員の住民票（住所をのせる場合）
・申出人の氏名と住所を確認できる公的書類
など

（3）法定相続情報証明図サンプル

できたらパソコン作成がよいのですが、手書きでも大丈夫です。

(記載例)

被相続人山田太郎法定相続情報

最後の住所　○県○市○町○丁目○番○号

最後の本籍　○県○市○町○丁目○番地　　　　住所　○県○市○町○番地

出生　　　　昭和○年○月○日　　　　　　　　出生　昭和○年○月○日

死亡　　　　令和○年○月○日　　　　　　　　（長男）

　（被相続人）　　　　　　　　　　　　── 山田　一郎（申出人）

山田　太郎

住所　○県○市○町○丁目○番○号　　　　　　住所　○県○市○町○丁目○番○号

出生　昭和○年○月○日　　　　　　　　　　　出生　昭和○年○月○日

　（妻）　　　　　　　　　　　　　　　　　　（二男）

山田　花子　　　　　　　　　　　　　　　── 山田　二郎

以下余白

作成日：○年○月○日
作成者：○○○士　○○　○○　㊞
（住所：○県○市○町○番地）

認証文　（下5cmは認証箇所のため空けておく）

79

家族へ

「遺産」を分ける際の注意点

（1）預貯金の「仮払い制度」利用で相続人が困る場合がある

・「預貯金の3分の1に法定相続分をかけた額」が、遺産分割成立前に引き出せる（1金融機関ごとに上限150万円。法定相続人と窓口に来た人が誰かの証明が必要）。

・たとえば、相続人が母と長男、A銀行の預金が600万円で長男が引き出す場合、「600万円×1／3＝200万円×法定相続分1／2＝100万円」が単独で引き出せる。

・単独で引き出せるため、ほかの相続人が知らないあいだに個人的な理由で下ろされてしまうと、思うように遺産分割ができず、もめてしまう可能性がある。

※キャッシュカードで引き出せる場合も、勝手に引き出されないよう注意が必要。

（2）特別寄与は寄与を金銭に換算するのが難しい

・亡くなった夫の親を献身的に介護していた妻（嫁）は、特別寄与者として、相続人に対し「特別寄与料」の支払いを請求できる。

・請求できる期間は、特別寄与者が、相続の開始および相続人を知ったときから6カ月、または相続開始のときから1年。

・金銭に換算するのがむずかしいため、領収書、日誌など証拠となるものが必要。

（3）配偶者居住権の取得で、相続できる預貯金額を増やすことができる

・遺産分割協議によって、自宅の「所有権（持ち主）」を子、「居住権（住む人）」は母とすることで、母は無償で自宅に住み続けられる。

・配偶者居住権は、所有権より評価額が下がるため、その分預貯金を多くもらうことができる（右図参照）。

・配偶者居住権にはデメリットもあるため、理解して利用すること。

死亡した父の財産が自宅評価額2,000万円+預貯金3,000万円＝5,000万円で、妻と長男が2分の1ずつで遺産分割する場合（居住権を1,000万円と仮定）

母		長男	
自宅の所有権	2,000万円	自宅の所有権	—
預貯金	500万円※1	預貯金	2,500万円
計	2,500万円	計	2,500万円

※1 母は預貯金が少ないため、生活資金の不安が残る。

母		長男	
自宅の居住権	1,000万円※2	自宅の居住権	1,000万円
預貯金	1,500万円※3	預貯金	1,500万円
計	2,500万円	計	2,500万円

※2 母は居住権の取得により所有権より低い額を取得。
※3 所有権から居住権を引いた差額分だけ預貯金を増やせる。

家族へ

遺産分割協議書

　遺言書がない場合や、遺言書に不備があって遺産分割が必要な場合には、相続人全員で分け方を決め、その内容を書面にします。

（1）遺産分割協議書作成のポイント

・誰が、どの遺産を相続するのかわかるように書く。

・不動産は、できたら法務局で取得した「登記事項証明書」のとおりに書く。それがむずかしい場合は、「土地」「建物」とわかるように書く（「自宅」と書くのはやめる）。

・書かれていない財産は、誰が取得するのかも入れておく。

・日付を書く。

・相続人数分の枚数を作成する（署名部分以外は印刷でも可）。

・すべての枚数に相続人全員が自署、実印押印、印鑑登録証明書を添付する。

・遺産を取得しない人（0円相続）も、署名などが必要。家庭裁判所で相続放棄をした者は署名などは不要。

（2）遺産分割協議書作成の注意点

・相続人以外の人に遺産を渡すなどは記載できない。

・氏名は印刷ではなく、自署がよい（証明できるように）。

・A4サイズ1枚に入らない場合は、A3サイズ（A4サイズ2枚をならべた大きさ）での作成や、複数枚を割印（契印）して作成する。

・相続人が1人でも欠けると無効になる。

→ 判断能力のない相続人がいる場合や行方不明の相続人がいる場合はとくに注意（84ページ参照）。

（3）遺産分割協議書サンプル

遺産分割協議書

被相続人　　　　山田太郎

最後の住所　　　○県○市○町○丁目○番○号

本　籍　　　　　○県○市○町○丁目○番地

生年月日　　　　昭和○年○月○日

死亡年月日　　　令和○年○月○日

上記の者が死亡したことにより、その相続人山田花子及び山田一郎、山田二郎は、被相続人の遺産につき分割協議の結果、次のとおり分割することに合意した。

1．相続人山田花子は、次の遺産を取得する。

（1）土地

> ↓このような書き方でもＯＫ
> 土地・建物
> ○県○市○町○丁目○番○号

　　　　　所在　○県○市○町○丁目

　　　　　地番　○番○号

　　　　　地目　宅地

　　　　　地積　２００.００平方メートル

（2）建物

　　　　　所在　　　○県○市○町○丁目

　　　　　家屋番号　○番○号

　　　　　種類　　　居宅

　　　　　構造　　　木造瓦葺2階建

　　　　　床面積　　1階　５０.００平方メートル

　　　　　　　　　　2階　５０.００平方メートル

（3）預貯金

       ××銀行××支店　定期預金　口座番号76543210

2. 相続人山田一郎は、次の遺産を取得する。

（1）預貯金

       ××銀行××支店　普通預金　口座番号01234567

（2）有価証券

     株式　××株式会社　20,000株

3. 相続人山田二郎は、次の遺産を取得する。

     現金　3,000,000円

> ↓このようなケースもあり
> 相続人AとBは次の遺産を2分の1
> ずつ取得する。
> （1）××銀行・・・
> （2）△△銀行・・・

4. 本協議書に記載なき資産及び後日判明した遺産については、相続人山田花子がこれを取得する。

上記の通り、相続人全員による遺産分割協議が成立したので、これを証明するため本書3通を作成し、署名押印の上各1通を所持する。

  令和○年○月○日

    相続人　住所　○県○市○町○丁目○番○号

        氏名　山田花子　　　　印

    相続人　住所　○県○市○町○番地

        氏名　山田一郎　　　　印

    相続人　住所　○都○区○町○丁目○番○号

        氏名　山田二郎　　　　印

（4）判断能力のない相続人がいる場合の遺産分割協議書作成

たとえば父が亡くなったとき、相続人は遺産分割協議書に自署したり印鑑登録証明書を取得したりしなければなりません。しかし、判断能力がない母には、それはむずかしいものです。

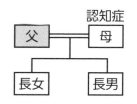

そのような場合、判断能力のない母の代わりに手続きを行う人が必要になるため、家庭裁判所で選んでもらわなければなりません（後見制度利用の概要やデメリットは、42ページ参照）。

しかし、①子が後見人になった場合と、②後見人の子に後見監督人がついた場合、もしくは専門家が後見人になった場合によって、家族が困る場合があります。それぞれの問題点をみてみましょう。

① 子が後見人の場合（後見監督人がいない場合）

・子も母も相続人になるため、別途「特別代理人」を家庭裁判所で選んでもらわなければならない（申立てを行う）。
・特別代理人は弁護士や司法書士などの専門家が選ばれ、その専門家が母の代理人となって遺産分割協議を行う。
・特別代理人の職務は母の財産を守ることであるため、たいていは法定相続分になりがち。
・思うように分けられなかったり不動産が共有名義になってしまったり、相続税額が多くなってしまう可能性がある。
・特別代理人への報酬が必要。

② 後見人の子に後見監督人がついた場合、もしくは専門家が後見人の場合

・後見人に選ばれた専門家が遺産分割協議を行う（後見人の子に後見監督人がいる場合は後見監督人が行う）。
・①のケースと同様に、分けたいように分けられないなどが起こる可能性がある。
・母が亡くなるまで、専門家の後見人・後見監督人への報酬が必要になる。

判断能力のない人（たとえば母）が相続人になるとわかっている場合、事前に本人（たとえば父）が遺言書を作成し、遺言執行者を指定しておくことで、母を介せず手続きを行うことも可能です。

（5）行方不明の人がいる場合の遺産分割協議書作成

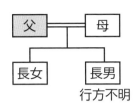

たとえば長男が行方不明の場合は、長男を捜さなければなりません。長男を除いた遺産分割協議は無効になるからです。

① 生存の可能性が高い場合

・行方がわからない場合は、家庭裁判所に「不在者財産管理人」を選んでもらわなければならない（申立てを行う）。
・不在者財産管理人が長男の代わりに遺産分割に参加する。
・不在者財産管理人の意見を無視して自由に分けられるわけではない。
・不在者財産管理人は、行方不明の長男が見つかるまで、長男の遺産を管理する必要がある。
・専門家が選ばれた場合は、その間の報酬が必要になる。

② 死亡している可能性が高い場合

・生死が明らかではない場合は、家庭裁判所に「失踪宣告」の申立てを行うことができる。
・行方不明になって7年以上経過（失踪を証明する資料が必要）し、死亡している可能性が高い場合、7年が満了したときに死亡したものとみなされる（普通失踪）。
・自然災害や船舶の沈没などに遭遇し、その危難が去ったあとその生死が1年間明らかでないときは、その危難が去ったあと1年経過したときに、死亡したものとみなされる（特別失踪）。
・失踪宣告が認められるまでには、それなりの時間が必要。

行方がわからない人がいる場合には、事前に本人（たとえば父）が行方不明者を除く相続人（上図では母と長女）に相続させる遺言書を作成し、遺言執行者を指定しておくことで、長男を介せず手続きを行うことも可能です。

本人・
家族へ

家族信託

（1）家族信託を活用するとよいケース

遺言書では難しいケース（二次相続以降※まで指定したい）や、成年後見制度を避けたいケース（確実に専門家が後見人になる場合）などで活用できる。

① 自分の認知症などに備え、不動産の管理・売却を長男などに託しておきたい。

② 自分の認知症などに備え、財産の管理を長女などに託しておき、認知症の妻や障がいがある子のために使ってもらえるようにしておきたい。

③ 自分の死後、認知症の妻や障がいがある子のために利用してもらえるよう、自分の財産を長男などに託しておきたい。

④ 自分の死後に妻が死亡した場合、所有していた不動産は自分の親族に渡したい（自分→妻→自分の親族というように、自分の財産の行き先を指定しておきたい）。

⑤ 自分に何かあったとき、ペットを姪やペットショップなどに託したい。

※たとえば、父と母がいる場合、父（母）が死亡したときの相続を一次相続といい、次に母（父）が死亡したときの相続を二次相続という。

（2）事前に託しておくことで要望が叶えられる

家族信託を活用するとよい理由として（上のケースの場合）、

・①や②のように、本人が認知症などになってしまった場合、家庭裁判所で後見人を選んでもらわなければならない（専門家が選ばれるケースが多い）。

・財産管理は後見人が行うため、本人や家族の要望が反映されにくい。

・不動産の賃貸や売却などは、家庭裁判所の許可がないとむずかしい。

・③や④のような遺産を相続した人の財産管理までは遺言書でも指定できない。

・⑤のような場合、法律上ペットは"物"になるため、ペットの面倒をみてくれる条件で財産を残すとしても、「ペットも遺産もいらない」と言われてしまう可能性がある。

　　→家族信託契約で行ってもらいたいことを託しておけば、行ってもらいたい内容が実現されやすい。

(3) 家族信託の基礎知識（下図参照）

・委託者、受託者、受益者が登場する。

・委託者が行ってもらいたい内容の信託契約書を専門家に作成してもらい、受託者とともに公証役場で公正証書にする（判断能力がないと契約できない）。

・たとえば、父が長男に自宅と賃貸しているマンションの管理を託し、父が生前中は家賃収入を父へ、父が亡くなったあとはその家賃収入を母へ、母が亡くなったらその不動産を子などとして契約で決めることもできる（父死亡で終了もできる）。

・家族信託契約は身内などが受託者になるため、受託者になる身内などがいない場合は、信託銀行などに依頼することになる（専門家は受託者になれないため）。

（例）

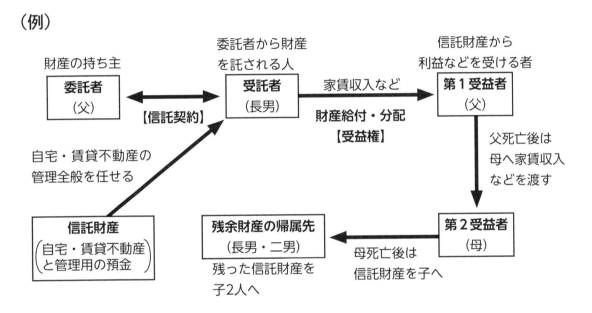

（4）家族信託は遺言書とセットで作成がよい

・おもに現金（専用の信託口口座へ入金）、不動産（農地を除く。ローンがある場合はむずかしい）、未上場株式が対象のため、すべて信託できるわけではない。

・信託財産は信託契約の内容どおりに動き、その他の財産は遺産として分けることになるため、信託財産と遺産額のバランスによっては、相続人のあいだでトラブルになるおそれがある（たとえば、ほとんどの財産を信託財産にして、父→母→長男という契約にすると、二男は「長男が父を言いくるめて作成させた」と受け取る可能性がある）。

・信託契約と遺言書の作成はあわせて行ったほうがよい。

本人・
家族へ

贈 与

（1）暦年贈与

・贈与を受けた人の合計額が、1年間（1月1日〜12月31日）で110万円を超える場合、超えた額に贈与税がかかる。

・父と母それぞれから100万円を贈与された場合には、200万円−110万円＝90万円が課税対象になる。

・毎年110万円を10年間贈与したような場合、1,100万円を一括贈与したとみなされる可能性がある。

・定期的に贈与する場合には、その都度「贈与契約書」を作成したうえで、贈与とわかるように金銭を移転するなどの配慮が必要。

（2）贈与契約書サンプル

贈与契約書（例）

　贈与者＿＿＿＿＿＿（以下「甲」という）は、受贈者＿＿＿＿＿＿（以下「乙」という）と、下記条項により贈与契約を締結する。

記

　第1条　甲は、現金＿＿＿＿万円を乙に贈与するものとし、乙はこれを受領した。

　第2条　甲は、第1条に基づき贈与した現金を、令和＿＿年＿＿月＿＿日までに、乙名義の口座に振り込むものとする。

　　この契約を締結する証として、この証書2通を作成し、甲乙双方及び乙の法定代理人が記名捺印のうえ、甲乙が各1通を保有するものとする。

未成年の場合

令和＿＿＿＿年＿＿＿＿月＿＿＿＿日

　　（甲）住所＿＿＿＿＿＿＿＿＿＿＿＿＿＿＿＿＿＿＿＿＿＿＿＿＿＿＿＿

　　　　　氏名＿＿＿＿＿＿＿＿＿＿＿＿＿＿＿＿＿＿＿＿＿＿＿＿＿＿㊞

　　（乙）住所＿＿＿＿＿＿＿＿＿＿＿＿＿＿＿＿＿＿＿＿＿＿＿＿＿＿＿＿

　　　　　氏名＿＿＿＿＿＿＿＿＿＿＿＿＿＿＿＿＿＿＿＿＿＿＿＿＿＿㊞

　　（乙の親権者）住所＿＿＿＿＿＿＿＿＿＿＿＿＿＿＿＿＿＿＿＿＿＿＿＿

　　　　　　　　　氏名＿＿＿＿＿＿＿＿＿＿＿＿＿＿＿＿＿＿＿＿＿＿㊞

　　（乙の親権者）住所＿＿＿＿＿＿＿＿＿＿＿＿＿＿＿＿＿＿＿＿＿＿＿＿

　　　　　　　　　氏名＿＿＿＿＿＿＿＿＿＿＿＿＿＿＿＿＿＿＿＿＿＿㊞

必要に
応じて
残したい

記入日：　　年　月　日

● ペットの情報 ●

自分に何かあったときに、ペットを誰かに託したい場合には、
託す相手に、事前に承諾を得ておく必要があります。

種類		名前	
生年月日 （推定）		性別	
血統書の有無 ・保管場所		登録番号	
いつものエサ		エサの回数	
好きなエサ		嫌いなエサ	
病気・ケガ		服用して いる薬	
避妊手術・ 去勢手術		予防接種	
かかりつけの病院		病院の連絡先	
トリミング サロン		サロンの連絡先	
加入している ペット保険			
備考			

本人・
家族へ

遺品で困るもの、保管しておきたいもの

（1）家族が処分に困るもの

　次のようなものは、できれば本人があらかじめ換金や処分などしておくと家族は困らずにすみます。

・骨とう品、絵画、着物、人形
・仏壇・仏具・位牌・遺影
・趣味のもの、切手やコインなどのコレクション
・引き出物や引き物（もらいもの）
・年賀状、日記、手帳、手紙、アルバム・写真、8ミリビデオ
・過去の請求書、証券、宝くじなど
・信仰宗教関係のもの

（2）保管しておきたいもの

　遺品整理で起こりがちなのが「うっかり捨て」です。大切なものはわかるようにまとめておいたり、保管場所を決めておいたりしましょう。

・年金手帳（証書）、健康保険証、介護保険証、マイナンバーカード
・固定資産税や住民税などの通知
・自営業などの場合は、準確定申告するために必要な書類
・医療費などの領収書
・保険証券、通帳、印鑑、不動産権利証、会員証など
　→自営業などの場合は税務上の問題が発生することもあるため、事業関係書類は
　　最低10年間保管しておく。
　→住所録、手帳、日記、手紙などは、連絡などで必要になる場合があるため、す
　　ぐ捨てずにある程度保管しておくとよい。

必要に
応じて
残したい

● 遺品などの情報 ●

家族にとっての思い出の品はそれぞれ異なります。形見分けしたい本人の
気持ちと違う場合があるため、生前に渡したり処分しておいたりなど、
家族と相談のうえ決めたほうが無難です。

なお、高価な品物はもらった相手に贈与税がかかる場合があります。

● 伝えておきたい情報、形見分けの要望（あれば）

あえてここに残さずとも、わかるようになっていれば大丈夫です。

ポストの開け方	
宅配ボックスの開け方	
駐輪場にあるもの	

預かりもの（どこの、何）などの保管場所

形見分け、その他伝えたいこと（あれば）

あえて残す必要のない情報

次の情報はあえて省きました。理由は次のとおりです。

項目	理　由
基礎年金番号など	基礎年金番号、健康保険証番号、マイナンバーなどの番号は、あえて書く必要のない情報です。なお、マイナンバーがわからない場合は、住民票を取得すればわかります。
どこで・誰に介護してほしいか	人の指名（介護は長女になど）は、その人に依頼したい要望になるため、結果的にその人が行う流れになってしまいます。 場所指定（介護は自宅でなど）も同様に、その場所に縛られる傾向があるため、あえて残さず家族に任せます。
医療費や介護費用をどこからまかなってほしいか	どこから費用を出すのかについては不要です。 たとえば、生命保険の入院給付金を請求する場合、本人が請求できる状態ではなくても「指定代理請求人（事前登録が必要）」の判断で請求できます。 預貯金から払うにしても、暗証番号がわかり口座管理を任されている人の判断で行うことになります。ただし、どの口座から使用してほしいなどの指定がある場合は、資産欄の「所有口座」に書いておきます。
○○葬など	一般葬、家族葬、直葬などの葬儀のスタイルを指定すると、その葬儀に家族が縛られがちです。 訃報の連絡先がわかれば、おのずと葬儀の規模やスタイルは把握できます。なお要望がある場合には、具体的に記入したほうが、家族は困らずにすみます。
香典の取り扱い	香典を頂くか辞退するかは家族が決めればよいものです。「気持ちだから」と半ば強引に置いていかれたり、「私の気持ちが受け取れないのか」と責められたりする場合もあります。訃報の通知に辞退する旨を載せても、その意図が確実に伝わるとは限らず、相手の気持ちを踏みにじる結果になってしまいかねません。かえって家族を困らせる可能性があります。

項　目	理　由
喪主の指定	喪主の指定をされることで、困る場合があります。喪主の役割は多くあるため、負担が伴うからです。
戒名について	戒名は、寺院などの意向確認が必要なため、勝手に決めると家族が困る場合があります。
財産管理を任せたい相手	指名された人に負担が伴ったり、ほかのきょうだいから苦言を呈されたりする場合があります。 どうしても残したい場合には、その相手や周囲の人の承諾を得たうえで、理由も添えて残しておきましょう。
財産の詳細	どの金融機関と取引しているのかは残すべきですが、預貯金の残高、株や投資信託の評価額などは不要です。ノートを見る人全員に個人財産を公開する必要はありません。
クレジットカードの詳細	どのカードを持っているのかはわかるようにしておく必要がありますが、カードの番号、年月日、セキュリティーコードがわかるとインターネットでカード決済ができてしまいます。
通帳・銀行印の保管場所や暗証番号	通帳の保管先がわかると残高が確認でき、取引印の保管場所や暗証番号がわかることで、出金できる状態を作ってしまいます。財産に関する秘密情報は、信頼できる人だけがわかっていればよいのです。
パスワード	パスワードは、IDとは別にして残しておき、照合すればわかるようにしておきます。
財産の分け方	遺産の分け方の希望を書くと、家族間でもめる可能性があります。ただし、相続人全員が分割方法を知っており、備忘録として残すのなら別ですが、第三者に情報を見られる可能性があることは理解しておきましょう。 なお、分け方を記した書類に日付、署名、押印があれば、自筆証書遺言になってしまいますので注意が必要です。
形見分け	遺品を誰に何を渡すのかを指定することで、家族内から不満が出ることがあります。また、もらう人も困る場合があります。 どうしても渡したいものがあるのなら、家族にその旨を伝えておくなどしておきましょう。

必要な部分は書けた？

記入チェックシート

記入もれがないか、チェックしてみましょう。

変更や追加があれば、修正・記入しておきましょう。「きれいに残す」必要はありません

【著者略歴】

明石久美 （あかし・ひさみ）

千葉県松戸市在住。明石シニアコンサルティング代表、明石行政書士事務所所長。相続・終活コンサルタント、特定行政書士、セミナー講師、ファイナンシャル・プランナー（CFP ／1級）。相続専門の行政書士。おひとりさま対策、遺言書作成、家族信託契約書作成、相続手続きなどを主に行っている。講師歴は15年。親族が葬祭業のため供養関係にも詳しいことから、終活対策も含めたセミナーや研修を全国で行っている。そのほか、テレビやラジオ出演、雑誌監修、新聞のコラム執筆など幅広く活動している。著書に『死ぬ前にやっておきたい手続きのすべて』『はじめての相続＋遺品整理』（以上、水王舎）、『配偶者が亡くなったときやるべきこと』（PHP 研究所）など多数ある。

【スタッフ】
編集・構成・本文デザイン／造事務所
装丁／吉永昌生
イラスト／岡澤香寿美

読んで使える
あなたのエンディングノート

2020 年 9 月 15 日　第一刷発行

著者　　　　　明石久美
編集・構成　　株式会社 造事務所
発行人　　　　出口 汪
発行所　　　　株式会社 水王舎

　　　　　　　〒 160-0023
　　　　　　　東京都新宿区西新宿 8-3-32 カーメルⅠ 301
　　　　　　　電話　03-6304-0201

本文印刷　　　厚徳社
カバー印刷　　歩プロセス
製本　　　　　ナショナル製本
編集統括　　　瀬戸起彦（水王舎）